深い学びに導く

社会科
新発問
パターン集

宗實直樹 著

明治図書

これからの社会科発問研究の道標

東北学院大学文学部教授

佐藤　正寿

2014年10月に本書の著者である宗實先生主宰のサークルに招かれた。午前中はサークルの実践発表，午後は私が講師役になって講義や模擬授業を行った。サークルメンバーをはじめとした参加者の熱気に圧倒されたことを覚えている。

さらに驚いたのは，その数週間後，「はじめの一歩」という記録集が送られてきたことだった。Ａ４のバインダーに，実践発表の記録も私の講話記録，模擬授業記録もすべて記録されていた。それらは，当日のセミナー参加者全員に送付されたという。

忙しい現場教師がサークルを主宰したり，セミナーを開催したりするだけでも大変なのに，その記録を正確に残す（サークル活動の記録も残していた）というエネルギーに，「これは本物のサークルだ」と驚くほかなかった。主宰する宗實先生だけではなくサークル員一人ひとりが個性を磨きあっていた。

その後，年に１度のペースで３年間訪問し続け，ぐんぐんと社会科の実力を身に付けていくのを見させていただいた。今，宗實先生は精力的に執筆活動や講演活動でご自身の考えを発信されている。長年のサークル活動での地道な取り組みがその土台になっているのであろう。

宗實先生のすばらしさは，テーマについての「こだわり」が強いという点である。これと思ったテーマは徹底的に調べ，考える。ときには人に熱心に聞いて記録する。その追究力は優れた社会科教師に共通する点である。

本書は「発問」がそのテーマである。社会科の授業において発問が重要なことは言うまでもない。同じ教材や題材を使っても，発問の違いで子どもたちが意欲的に学習する場合もあれば，退屈な学習になる場合もある。効果的な発問を生み出すことは容易ではないが，子どもたちが考えを出し合って考えを深めた際には，発問の有効性を実感する。

多くの先達も，効果的な発問を研究し，書籍に著してきた。しかし，ほとんどの書籍は年月を経ると廃刊となり，求めようとしても入手が困難となる。いざ研究するとしても，近年発刊の本が中心となってしまう。

その点，本書は近年発刊の書籍だけではなく，数十年前までの発問研究の文献まで視野に入れている。特に第1章と第2章の最後にそれぞれ書かれている参考文献一覧は圧巻である。宗實先生が，近年の発問研究だけではなく，半世紀以上前からの発問研究からその流れを見通して書いている点が本書の大きな特色になっている。

　それらの発問研究も社会科教育に限らず，広く文献を収集していることが，書名から伺える。社会科教育のみに限らず，他教科にも通じる内容になっているのである。

　発問は活用意図や活用場面によっていくつかに分類化できる。第2章では，その典型例をいくつか提示している。たとえば，「絞る発問・広げる発問・深める発問」，「知るための発問・わかるための発問・関わるための発問」である。それらをどのようなときに，何という文言を使いながら行えばよいか，わかりやすく示している。

　経験の少ない教師にとって，発問をどのように分類化するかは大きな壁である。いくつかの視点で分類化できる力が身に付くと，1単位時間のどの場面でどのような発問をしたらよいか自分なりの方法ができてくる。その力を身に付けたい教師にとり，第2章は学ぶところが多いであろう。

　そして，第3章からの発問の授業例は，実際の授業実践に基づいているだけに，読み応えがある。一つ一つの授業例に，その授業のポイントとなる発問が示されているだけではなく，その発問の意図や生かし方も明示されている。

　今の時代，インターネット上に授業での発問例はさまざま示されている。授業の教材研究としてそれらを参考にするのもよいであろう。しかし，インターネット上の発問にくわしい授業例まで書かれていることは少ない。しかも宗實先生が示している実践例は，子どもたちのノート例に表れているように，効果のあったものばかりである。その貴重な情報を本書から享受できるのである。

　なお，宗實先生は「授業のユニバーサルデザイン」にも造詣が深い。今までの著書もそうであるが，「読者にとってのわかりやすさ」を意識して，文章だけでは理解しにくい内容を図式化したり，表にしたりしている。それらは視覚的な効果だけではなく，読者に思考を促す働きもしている。その点でも価値がある一冊である。

　以上，本書のよさをいくつかの観点から述べてきた。宗實先生は，すでにいくつかの社会科の優れた著書を発刊しているが，本書も期待通りの好書である。これからの社会科発問研究の道標となるであろう。

目次

第4章　「深い学び」を生み出す　新発問パターン　展開編

第 5 章 「深い学び」を生み出す
新発問パターン　終末編

第**1**章

社会科発問
研究の歴史

社会科における発問について

🗨 「発問」とは？

　発問は，教師と子どものコミュニケーションにあたって教師の側から発せられる問いかけであり，教師の教育活動の中核をなす重要な技術です。教師の授業への構えは様々な場面に表れますが，特に発問の仕方に端的に表れます。

　吉本均（1986）は，「質問が知らないものが問うのに対し，発問はすでに知っているもの（教師）が知らないもの（子ども）に発する問いを意味する。だから，質問では正しい答が聞かれればそれでよいのに対し，発問では正しい答や結果がでるかでないかではなくて，答を生みだすために，どれだけ意味のある思考活動や表現活動がなされたかがむしろ決定的に重要になるのである」と述べています。子どもの学習内容の確認や定着を促す質問とは違い，発問は子どもの思考に働きかける教師の問いかけであると捉えることができます。

　木下竹二（1972）は，「元来疑問は教師が提出するのは主でなくて学習者が提出することを主とせねばならぬ」「教師の発問は主として学習者の優秀なる疑問を誘発するために使用したい」「学習はけっきょく自問自答のところまでいかねばならぬ」と述べています。

　また，佐伯胖（2003）は，「教育界での通念がどうであれ，やはり本来は，問いを発するのは学ぶ側であり，学ぶということがすなわち問い方を学び，問い続けることだと言っておきたい。したがって，わが国の授業では，もっと積極的に，子供たち自身の側からの発問を促す教師の働きかけがどのようなものかを研究しなければならないと思うのである」と述べています。

　同じようなことは，時代を遡っていけば明治期末にも説かれています。例えば，槇山栄次（1910）は，「児童が自ら問うて自ら解決せんとするやうに仕向けて行くのでなければ発問の目的を達することが出来ませぬ」「児童をして自ら活動せしむるように仕向けて行く所の大切な方便」と述べています。

　篠原助市（1933）は，「教師の問は教師の問でありながら，同時に生徒の問である」「教師の問は生徒の問への刺激であり生徒の問を誘発する為の問である。一言に生徒の問の為の問である」「自ら問い自ら答ふることの手引きとしての問である」と述べています。

　つまり発問は，子どもの思考活動を促すだけでなく，子どもに問い方を教え，子どもが自ら問うことを学ばせることが重要だということです。槇山氏は明治末の時点で，今日にも通用す

るような発問観に達していました。

　しかし，子どもたちが「問い」をつくり出し，自問するのは簡単にできることではありません。豊田久亀（1988）は，「教師の発問は，彼らがまだ問う力をもっていないために，彼らの発問を代行する『代理発問』である。発問は子どもが自分で問えるようになることをめざす」と述べています。まずは教師の発問からはじめ，徐々に子どもが自ら問えるようにしていくことが重要です。最終的には子どもが自問できるようになることをめざします。

　子どもたちの「問い」は，日頃から発せられる教師の発問の質に大きく左右されます。ですから，教師はどのような発問があるのか，発問がどのような機能を果たすのか等を研究し，授業の中で意図的に使用できるようにする必要があるのです。

「元来疑問は教師が提出するのは主でなくて学習者が提出することを主とせねばならぬ」
「教師の発問は主として学習者の優秀なる疑問を誘発するために使用したい」
「学習はけっきょく自問自答のところまでいかねばならぬ」

木下竹二（1972）『学習言論』

「児童が自ら問うて自ら解決せんとするやうに仕向けて行くのではなければ発問の目的を達することが出来ませぬ」

槇山栄次（1910）『教授法の新研究』

「教師の発問は，彼らがまだ問う力をもっていないために，彼らの発問を代行する『代理発問』である。発問は子どもが自分で問えるようになることをめざす」
「教師の発問は子どもに問い方を教え，彼らに問う力を形成することを目的とする」

豊田久亀（1988）『明治期発問論の研究―授業成立の原点を探る―』

「教師の問は教師の問でありながら，同時に生徒の問である」
「教師の問は生徒の問への刺激であり生徒の問を誘発する為の問である。一言に生徒の問の為の問である」
「自ら問い自ら答ふることの手引きとしての問である」

篠原助市（1933）「『問』の本質と教育的意義」『教育学研究』第二巻

🗨 発問研究の歴史

ここでは，発問における研究の歴史についてみていきます。豊田久亀（1988）の研究によれば，発問の語は明治20年代に使われ始め，明治30年代には一般用語として成立しています。子どもを学ぶ主体にする発問については，育成会編纂の『発問法』（1900）や，加藤末吉『教壇上の教師』（1908），槇山栄次『教授法の新研究』（1910）等の中にも見られます。及川平治は『分団式動的教育法』（1912）の中で，児童が質問し，自ら学ぼうとする学習過程の重要性を説いています。

しかし，社会科における発問の研究が確立されてきたのは1970年代以降だと考えられます。それまでは「発問」という言葉すら，社会科教育関係の論文にあまり見られませんでした。それはなぜなのでしょうか。社会科の歴史をたどっていけば見えてきそうです。『社会科授業づくりの展開（第2章)』（1994）の記述内容をもとに，以下に概観して述べていきます。

❶1970年まで

社会科教育において「問題」が問題にされたのは1947年社会科発足当初からでした。日常で出会う具体的な問題を取り上げ，その問題を解決していこうとする学習でした。子どもの切実な問題に目が向けられ，その問題解決に向けて教師と子どもが共同的に学習を組織していく学習原理が定着したのです。

しかし，文部省指導要領の「問題」は現実の課題から断絶していると批判を受けます。1940年代の後半，民主主義教育協会の石橋勝治，今井誉次郎は，日本の現実課題を教育課程の中に位置づけていく必要性を主張しました。

1950年代初頭，コア・カリキュラム連盟において，生活実践コース・生活拡張コース・基礎コースの3層と表現・社会・経済（自然）・健康の4領域からなる「三層四領域」論が提起されました。日本社会の基本問題に向かう問題解決学習を実践の方針とするに至りました。

授業構成の基盤となった問題解決学習の「問題」は「子どもの問題」か「社会の問題」かという2つに分かれていきました。「問題」とは何か，「どんな問題が大事か」ということは追究されましたが，どのような「問題」を生み出していくかという教師の働きかけにはなかなか目を向けられない現実がありました。

「子どもの問題」と「社会の問題」を関連づける理論の必要性は日比裕（1968）等によって指摘はされていました。しかし，具体的に試みられるようになったのは，1980年代になろうとするときでした。例えば，二杉孝司（1980）は，吉田定俊の「水害と市政」，永田時雄の「西陣織」の実践を分析し，谷川彰英（1979）は，清田健夫の「三保ダム」の実践を分析しました。これらの分析を経て，子どもの問題の成立において教師の指導性の必要を主張しました。「子

どもの問題」と「社会の問題」を分け，その関連構造を明らかにしようとしてはじめて，教師の発問を含めた教授行為について論理的に追究できるようになります。

❷1970年代以降

『社会科発問の基本構造』酒井忠雄（1968）の「まえがき」の中には次のように書かれています。

> 近年，授業研究がさかんになり，子どもの思考過程と発問の関連が研究テーマとして多くとりあげられるようになりましたが，授業計画から「まとめ」の段階に至る過程を通しての発問構成のしかた，つまり基本的な構造についての研究はまだ未開拓の感じがしております。

　1970年代以降は，発問の類型や発問の方法等，発問の構造的な研究もされるようになりました。1970年前後からの教授学の発展が社会科発問論に大きな影響を与えたのです。発問の類型化，発問づくりの方法や原理の検討等に大きな成果をもたらせました。宮坂義彦（1970）は，『教授学研究』の中で斎藤喜博の島小の実践を分析しながら「質問」と「発問」を区別しました。「質問」と「発問」を区別する必要性は吉本均等にも主張されるようになりました。そして，吉本均（1974）は，『訓育的教授の理論』の中で，限定発問（しぼる問いかけ），「否定発問」（ゆさぶる問いかけ），関連的発問（広げる問いかけ）という3つ類型をあげました。このような，機械的でなく機能に基づく類型化は，その後，80年代に入ってからの現場からの発問の理論化に大きな影響を与えました。

　ちなみにゆさぶり発問については，『社会科のゆさぶり発問』（1976）という書籍の中で山崎林平が，「平板な社会科授業の脱皮を可能にする，社会科授業の改善ができる」と主張しています。ゆさぶり発問については後述します。（p 27）

　1980年代に入って，社会科教育において発問は大きく取り上げられました。そのきっかけは，向山洋一が立ち上げた「教育技術法則化運動」でした。法則化運動の指導過程において特に重視されたのが「発問・指示」でした。どのような発問をすれば子どもが動くのか，よい発問をつくるにはどうすればいいのか等が議論の中心となりました。そこから発問の「定石化」や「理論化」が進んでいきました。有田和正（1988）の『社会科発問の定石化』や西尾一（1989）の『社会科発問づくりの上達法』などが有名です。また，二杉孝司（1987）は『社会科教育No297』（1987）の中で，「『子どもの考えるべき内容を示す機能』としてとらえたものが発問であり，『子どもが考える形態を示す機能』としてとらえたものが指示である」とし，指示と発問を指導言の二つの機能としてとらえています。この時期に，授業実践にもとづく理論化が活発に行われるようになりました。

1990年代には生活科，2000年代には総合的な学習の時間が導入され，「指導より支援」の方が強く言われるようになりました。また，学習者研究が進み，子どもの「学び方」に焦点があたるようになってきました。そのような中で発問のみを研究するということは，教師の一斉指導を前提とする古い授業観をそのまま踏襲することにもなりかねないと懸念されました。

　近年，GIGA スクール構想が進み，子どもたちも ICT 端末を使用するようになりました。それに伴い，学習活動もより多様になってきています。しかし，依然として教師の「発問」に対する関心は低いとはいえません。なぜなのでしょうか。それは，やはり教師の仕事はしっかり教えること。発問を考えることで何を目的にしているかを考えることは，質の高い授業をつくりだすことに他ならないからです。

　発問を含めての一斉授業で授業を組み立てられない教師が，様々な学習活動を含む社会科授業に対応できるはずがありません。不易部分を忘れてはいけません。

発問関連書籍

　社会科における発問研究の流れや全体像が見えるように一覧にしました（図1）。気になるものやもっと深く考えたいものがありましたら，ぜひそれらの書籍にあたってみてください。ただ，すべての書籍を列挙できたわけではありません。私が実際に目を通せたものを中心に挙げています。

　こうやって見てみると社会科の発問のみに特化した書籍は多くありません。1980年後半～90年初頭に実践書が多く出版され，1990年中頃～研究的な書籍も出されるようになっています。読者のみなさんも気づかれたと思いますが，近年になってからは以前のように発問のみが取り上げられて研究されることも少なくなってきました。そう考えると，ちょうどいいタイミングで社会科における発問についてまとめる機会をいただいたと感じています。本書が，社会科の発問についてより深く，広く考えられるきっかけになれば幸いです。

No	発刊年	書籍名	編著者・著者	出版社
1	1966	社会科の授業研究〈第1〉よい発問わるい発問	木原健太郎 他	明治図書
2	1966	社会科の授業研究〈第6〉子どもの思考と発問のタイミング	土寺久雄 他	明治図書
3	1968	社会科発問の基本構造（授業改造2）	酒井忠雄 他	明治図書
4	1970	新しい社会科の授業技術	山崎林平	明治図書
5	1970	発問分析による社会科授業の改善（授業の基礎技術8）	池田一男 他	明治図書
6	1970	教授学研究	斎藤喜博・柴田義松・稲垣忠彦 編	国土社
7	1974	訓育的教授の理論	吉本均	明治図書
8	1976	社会科のゆさぶり発問	山崎林平 他	明治図書
9	1978	社会科授業構成の理論と方法	森分孝治	明治図書
10	1981	教科別発問のしかた	田宮輝夫 他	あゆみ出版
11	1981	社会科授業技術の理論	日台利夫	明治図書
12	1983	よい授業を創る教え方の基礎技術（よい授業を創るシリーズ（32））	木原健太郎 編 辻畑 信彦，荒木 隆 著	明治図書
13	1983	授業の構想力	吉本均	明治図書
14	1984	認識を育てる発問と説明	岩浅農也・横須賀薫 編	国土社
15	1984	教育科学 社会科教育 No.264「発問研究はどこまで進んでいるか」	豊田久亀	明治図書
16	1986	教育科学 社会科教育 No.286「発問の機能研究の方向」	児玉修	明治図書
17	1987	社会科考えさせる発問の技術 小学4・5・6年	新見謙太・有田和正 編	明治図書
18	1987	授業は「ゆさぶり」で勝負する	坂本泰造	あゆみ出版
19	1987	教育科学 社会科教育 No.297「発問の分析も大切である」	二杉孝司	明治図書
20	1988	明治期発問論の研究―授業成立の原点を探る―	豊田久亀	ミネルヴァ書房
21	1988	社会科発問の定石化	有田和正	明治図書
22	1988	発問上達法	大西忠治	民衆社
23	1989	社会科発問づくりの上達法	西尾一	明治図書
24	1989	授業づくりの発想	藤岡信勝	日本書籍
25	1990	ヒント教材が授業を変える	谷川彰英	明治図書
26	1991	小学校社会科の授業設計	岩田一彦 編著	東京書籍
27	1991	教育科学 社会科教育 No.349「機能的関係の分析を前提にした発問研究」	児玉修	明治図書
28	1991	教育科学 社会科教育 No.349「〈迷わせる〉発問を」	二杉孝司	明治図書
29	1993	小学校社会科の授業分析	岩田一彦	東京書籍
30	1994	社会科授業づくりの展開「社会科発問論の展開」	森脇健夫	日本書籍
31	1994	授業の深さをつくるもの	横須賀薫	教育出版
32	1995	社会科の発問 if-then でどう変わるか	岡崎誠司	明治図書
33	1995	発問と集団思考の理論	吉本均	明治図書
34	2002	「差異の思考」で変わる社会科の授業	吉川幸男 他	明治図書
35	2006	学級の教育力を生かす吉本均著作選集1 授業と学習集団	岩垣攝，豊田ひさき 編	明治図書
36	2006	学級の教育力を生かす吉本均著作選集3 学習集団の指導技術	久田敏彦，深澤広明 編	明治図書
37	2007	集団思考の授業づくりと発問力 理論編	豊田ひさき	明治図書
38	2010	これだけははずせない！小学校社会科単元別「キー発問」アイディア	佐藤正寿	明治図書
39	2012	これだけははずせない！中学校社会科単元別「キー発問」アイディア	平田博	明治図書
40	2013	社会科教師のための「言語力」研究	片上宗二	風間書房
41	2014	新社会科教育学ハンドブック「社会科における発問」	村上典章	明治図書
42	2015	中学校社会科 授業を変える課題提示と発問の工夫45	青柳慎一	明治図書
43	2015	単元を貫く「発問」でつくる中学校社会科授業モデル30	内藤圭太	明治図書
44	2015	教育科学 社会科教育 No.675「発問は社会的見方・考え方を成長させる」	岡崎誠司	明治図書
45	2017	Before&After でよくわかる！ 子どもの追究力を高める教材＆発問モデル	小学校社会科授業づくり研究会 編	明治図書
46	2021	見方・考え方を働かせる発問スキル50	川端裕介	明治図書

図1　発問関連書籍一覧

〈参考文献〉

吉本均（1986）『授業をつくる教授学キーワード』明治図書

木下竹二（1972）『学習原論』明治図書

佐伯胖（2003）『「学び」を問いつづけて』小学館

槇山栄次（1910）『教授法の新研究』目黒書店

篠原助市（1933）「『問』の本質と教育的意義」『教育学研究』第二巻

豊田久亀（1988）『明治期発問論の研究―授業成立の原点を探る―』ミネルヴァ書房

篠原助市（1940）『増訂　教育辞典』寶文館

育成会編纂（1900）『発問法』同文館

加藤末吉（1908）『教壇上の教師』秀英舎

及川平治（1912）『分団式動的教育法』弘学館書店

柴田義松他（1994）『社会科授業づくりの展開』日書

稲垣忠彦（1966）『明治教授理論史研究―公教育教授定型の形成』評論社

豊田ひさき（2020）『「学びあいの授業」実践史　大正・昭和前期の遺産』風媒社

石橋勝治（1947）『社会科指導の実際』明るい学校社

今井誉次郎（1950）『農村社会科カリキュラム』牧書店

日比裕（1968）『考えるこども』「日生連による『日本社会の基本問題』の定式化」

二杉孝司（1980）『教科理論の探究』「問題解決学習と系統学習」東京大学教育内容研究

谷川彰英（1979）『社会科理論の批判と創造』明治図書

酒井忠雄（1968）『社会科発問の基本構造』明治図書

宮坂義彦（1970）『教授学研究』「発問の概念と発問分析の概念」国土社

吉本均（1974）『訓育的教授の理論』明治図書

山崎林平他（1976）『社会科のゆさぶり発問』明治図書

有田和正（1988）『社会科発問の定石化』明治図書

西尾一（1989）『社会科発問づくりの上達法』明治図書

二杉孝司（1987）『社会科教育 No297』「発問の分析も大切である」明治図書

第2章

社会科発問の
機能と分析

発問の機能化と発問パターン

 発問の構成を考える

　よい授業を行おうと思えば，よい教材の存在が必須です。その教材を生かすためのポイントのひとつは，教師が直接子どもたちに働きかける「発問」です。しかし，「発問」を授業技術として単独で捉えようとするだけでは，正確に「発問」の構造や機能を明らかにすることはできません。なぜなら発問は，教材のねらい・特質・構造などによって規制されるとともに，子どもの意識や認知度によって左右されるからです。

　豊田久亀（1984）は，発問構成において，発問の組織化という観点から図1のように3つを取り上げています。

発問の組織化	
論理的な組織化	前後の発問や、説明・指示と矛盾しないように発問を組織すること
科学的な組織化	教科・教材の論理に即して発問を組織すること
心理的な組織化	子どもたちの過去経験や興味・関心、能力等合わせて発問を組織すること

豊田久亀(1984)「発問研究はどこまで進んでいるか」『社会科研究』No.264, 明治図書. を参考に筆者作成

図1　発問の組織化

「論理的な組織化」は，前後の発問や，説明・指示と矛盾しないように発問を組織すること，「科学的な組織化」は，教科・教材の論理に即して発問を組織すること，「心理的な組織化」は，子どもたちの過去経験や興味・関心，能力等合わせて組織すること，と捉えることができます。

　一連の授業の中での文脈に合わせた発問を組織すること，教科目標や教材に即して発問を組

織すること，働きかける対象である子どもの実態を捉えて発問を組織することが重要であるということです。発問の構造や機能を明らかにするには，その一連の構想の視点からの分析が欠かせません。

　これら３つの観点を基にして，以下に説明していきます。

論理的な組織化

❶「目標達成」から考える発問

　発問は，教科の目標を達成するために構成されます。目標達成のために直接関わる発問が，いわゆる「中心発問」です。「中心発問」を支える役割として，「補助発問」が挙げられます。「中心発問」と「補助発問」のつながりを意識しながら授業の中で構成していきます。この「中心発問」や「補助発問」は，学習指導案によく記載されるものでもあります。

　さらに，授業の中では「説明」や「指示」が行われます。「発問」は子どもの思考に働きかけますが，「指示」は子どもの行動に働きかけます（図２）。

　「発問」と「指示」をセットで行うようにすることで，子どもが思考した後に何をすればいいのか迷いもなくなります。また，「説明」は，「発問」や「指示」を行う前提となる状態をつくり出します。授業の中ではこれら「発問」「指示」「説明」が補完的にバランスよく行われる必要があります。

　つまり，「中心発問」を中心にした「補助発問」や「説明」「指示」の組織化が授業構成には必要となります。

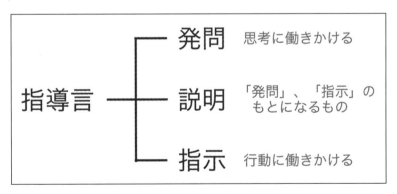

図２　指導言（大西，1988を参考に）

❷発問の類型

　発問が研究されるようになってから，数多くの発問の類型化が行われています。類型化は，それが行われるある時点の対象比較によって傾向性を俯瞰的に捉える作業です。ですから，そ

の当時の問題意識や必要感等によって変化します。どのように類型化されたのかをしっかり分析することが重要です。

　例えば，吉本均（1974）は『訓育的教授の理論』で，発問を「**対象にむかって子どもたちが思考せざるをえないように追い込む教師からのしかけ**」と定義し，発問を

　「限定発問（しぼる問いかけ）」

　「関連的発問（ひろげる問いかけ)」

　「否定発問（ゆさぶる問いかけ)」

の３つに分類しています。また，有田和正（1988）は『社会科発問の定石化』の中で，これら３つ以外に

　「思考を深化する発問」

を挙げています。「思考を深化する発問」の例を「比較させる発問」「因果関係に気づかせる発問」「発展性や関連性に目をつけさせる発問」「ささえられている条件に気づかせる発問」としています。

　これらの分類を参考に，私も発問を３つに分類してみました。

---

(1)　「絞る発問」　…視点を絞りたいときに用いる。例えば，「だれが」「どこで」「いつ」等，人や場所，時間などに絞って問う際の発問。

(2)　「広げる発問」…視点を広げたいときに用いる。「どのように」と様子や方法を問い，追究させる際の発問。

(3)　「深める発問」…思考を深めたいときに用いる。例えば，「なぜ」と因果関係を問う際，その他一般化を図る際，多面・多角化を促す際の発問。

　このように類型化された発問を，授業過程のどの学習段階でどのように組み合わせて活用していくのかを考えることが重要です。

　例えば，「絞る発問」は授業の導入時に行われることが多くなります。「広げる発問」は追究を促す発問であるので，導入時や展開時に行われることが多くなります。「深める発問」はねらいを達成する場面や発展的に考える場面である展開時や終末時に行われることが多くなります。もちろん，展開時や終末時に「絞る発問」で小刻みに視点を絞ることも考えられます。これらの分類はあくまでも大きな枠組みとしての分類であり，実際には授業過程の中で様々な意図をもった発問が行われます。

絞る発問	視点を絞りたいときに用いる	「だれが」「どこで」「いつ」等、人や場所、時間などに絞って問う際の発問
広げる発問	視点を広げたいときに用いる	「どのように」と様子や方法を問い、追究させる際の発問
深める発問	思考を深めたいときに用いる	「なぜ」と因果関係を問う際、その他一般化を図る際、多面化・多角化を促す際の発問

図3　発問の類型（宗實, 2021）

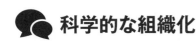 科学的な組織化

❶教科の論理に即した発問分析

　社会科の目標は，『小学校学習指導要領（平成29年告示）解説社会編』に，以下のように記されています。

> 　社会的な見方・考え方を働かせ，課題を追究したり解決したりする活動を通して，グローバル化する国際社会に主体的に生きる平和で民主的な国家及び社会の形成者に必要な公民としての資質・能力の基礎を次のとおり育成することを目指す。

　目標を達成するために，まずは社会的な見方・考え方を働かせ，課題を追究したり解決したりする活動を通して，社会的事象の様子や仕組み，そのものの意味や特色などを捉えさせることが必要です。つまり，社会的事象を「意味レベル」でより確かに捉えることができるようにすることが重要です。

　次ページの図4を使って説明します。社会的な見方・考え方を働かせるためには，「位置や空間的な広がり」「時期や時間の経過」「事象や人々の相互関係」に着目して発問する必要があります。

　「知るための発問」とは，「何があるのか」「どのようになっているか」などと問いかけ，情報収集，読み取り，情報発信をする社会を知るための発問です。「分かるための発問」とは，「なぜか」「特色は何か」と問いかけ，事象相互の関係や意味，特色を考える社会を分かるため

の発問です。「関わるための発問」とは，「どうしたらよいか」と問いかけ，社会に見られる課題に対して解決の方法や方策を判断する社会に関わるための発問です。

類型	社会的な見方（視点）			獲得できる知識
	位置や空間的な広がり	時期や時間の経過	事象や人々の相互関係	
知るための問い When Where Who What How	どこで広がったのか どのように広がっているのか	何が変わったのか どのように変わってきたのか	だれが生産しているのか どのような工夫があるのか	事実的知識
分かるための問い Why (How) (What)	なぜこの場所に広がっているのか	なぜ変わっているのか	なぜ協力することが必要なのか	概念的知識
関わるための問い Which	さらにこの場所に広げるべきだろうか	どのように変わっていくべきなのだろうか	共に協力する上でAとBとどちらが必要だろうか	価値的・判断的知識

澤井陽介・加藤寿朗編著（2017）:『見方・考え方［社会科編］』東洋館出版社．を参考に筆者作成

図4　発問の分類

　それぞれ，「位置や空間的な広がり」に着目して発問すれば，「どのように広がっているのか」「なぜこの場所に広がっているのか」「さらにこの場所に広げるべきだろうか」という発問になります。「時期や時間の経過」に着目して発問すれば，「どのように変わってきたのか」「なぜ変わっているのか」「どのように変わっていくべきなのだろうか」という発問になります。「事象や人々の相互関係」に着目して発問すれば，「どのような工夫があるのか」「なぜ協力することが必要なのか」「共に協力する上でAとBとどちらが必要だろうか」という発問になります。

　また，発問によって，子どもたちが獲得できる知識が変わってきます。「知るための発問」は事実的知識を獲得できます。「分かるための発問」は概念的知識を獲得できます。「関わるための発問」は価値的・判断的知識を獲得できます。発問と獲得できる知識の関係性を把握し，知識獲得に関わる発問の分析を行い，知識獲得のレベルごとに発問を計画的に使用することが重要です。

❷段階的に発問する

　社会科における発問では，社会的事象の目には見えない意味や特色，相互の関連を捉えさせることが大切です。つまり，概念等に関わる知識を獲得させることです。しかし，いきなり概

念等に関わる知識を獲得させるのは難しいです。まずは，「知るための発問」で目に見える社会的事象の様子や事実を捉えさせます。その後，「分かるための発問」や「関わるための発問」で目には見えない社会的事象の意味や特色，相互の関連を捉えさせます。つまり，「いつ」「どこで」「だれが」「どのように」等の発問で事実的知識を獲得させ，「なぜ」「どうしたらよいか」等の発問で概念等に関わる知識を獲得させるのです。

　5年生の「これからの工業生産」の学習を例にします。2012年ロンドンオリンピックのメダルと2016年リオデジャネイロオリンピックのメダルを提示し「この2つのメダルはどこが違うと思いますか？」と発問します。リオのメダルは使われなくなった車や鏡などをリサイクルしてつくられています。ただしリサイクルされているのは全体の30％で，残りの70％は金を使っています。「2021東京オリンピックのメダルのリサイクル率どれくらいだと思いますか？」と発問します。

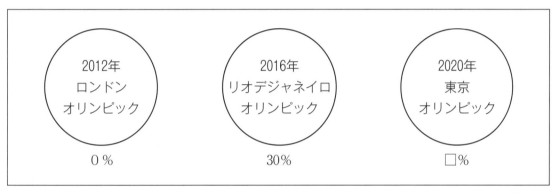

　実は100％リサイクルメダルです。「何のリサイクルでつくったと思いますか？」と発問します。「都市鉱山」からつくっています（「都市鉱山」とは，使用済みとなった携帯電話・パソコン等の小型家電に含まれている有用な資源である金・銀・銅やレアメタル等のことです）。そして，「なぜ都市鉱山からメダルをつくったと思いますか？」と発問します。段階的に発問を使用することで，子どもたちの思考も明確に働くようになると考えられます。

❸ 「なぜ？」を考えやすくする

　「なぜ？」は何に対して答えればよいのか曖昧になりやすく，思考が拡散しやすいので答えることが難しい発問です。

　例えば次のような場面。

> 「7月から10月の間になぜ多くのキャベツが群馬県から出荷されてくるのだろう？」

　「7月から10月の間である理由」を答えるのか，「少ないのではなく，多いという理由」を答えるのか，「他の県ではなく，群馬県からである理由」を答えるのかわかりません。

つまり，何に対して答えればよいのか曖昧になりやすいのです。

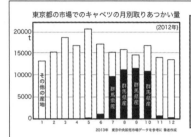

▶７月から１０月の間である理由

▶少ないのではなく、多い理由

▶他の県ではなく、群馬県からである理由

何に対して答えればよいのかが曖昧になりやすい

図5　なぜが難しい理由1（藤川，1989を参考に）

また，「なぜ○○にダムをつくるのか？」と発問したとき，「水不足が続いているから」と答える子どもは，その背景に着目しています。「これからの備えのため」と答える子どもは，ダムをつくる意図に着目しています。「水が流れやすい土地だから」と答える子どもは，地理的条件に着目しています。どこに着目して答えるのかは様々です。

つまり，前後の文脈がなければ答えにくく，思考が拡散するのです。

なぜ○○にダムを作るのか？

▶「水不足が続いているから」　　背景

▶「これからの備えのため」　　意図

▶「水が流れやすい土地だから」　地理的条件

文脈がないと思考が拡散する

図6　なぜが難しい理由2

有田和正（1986）は，「『なぜ』『どうして』は禁句である。発問では，この二つの疑問詞をできるだけつかわない方がよい授業が展開できる。これを使った発問は難しくなり，教師でも答えられないことが多い。したがって，子どもの発言が参考書的なものに閉じていく」と述べています。白鳥晃司（1980）は，高度な一定の知識がなければわからなく，活躍する子が限られてくると指摘しています。また，藤岡信勝（1985）も，「なぜ」発問は，どういう類型の答え方をしたらよいかが明示されていない多義的な問いだと指摘しています。このように，「なぜ」発問に対する指摘は多くされてきました。

　「なぜ」発問は，何に対して答えてよいのか（対象），どう答えてよいのか（方法）が曖昧になりやすい。また，多義的で本質（教育内容）を問うことになってしまうので，一部の勘のいい子どもが活躍する授業になってしまうのです。

　しかし，社会的事象を「意味レベル」でより確かに捉えるには，「なぜ？」の発問が必須です。直接的に「なぜ？」を問うのではなく，「なぜ？」が内在する問い方をしていくことや，事実を追究していくうちに自然と「なぜ？」に答えられるような形になっていることが重要です。以下，少しでも「なぜ？」を考えやすくするために「問い方を変える」ことと「複文型で問う」ことを紹介します。

❹問い方を変える

　例えば，「なぜスマート農業に取り組むのか？」という発問を「スマート農業で増やせるものと減らせるものは何か？」に変えます。「なぜ江戸時代は265年続いたのか？」という発問を「江戸時代が265年続いた最大の理由は何か？」に変えます。「なぜ消防団が必要なのか？」を「消防士さんがいるので消防団は必要ないですよね？」に変えます。

　限定的に問うたり，ゆさぶりを入れたりすることで，答えるべきことが焦点化され，子どもたちは考えやすくなります。

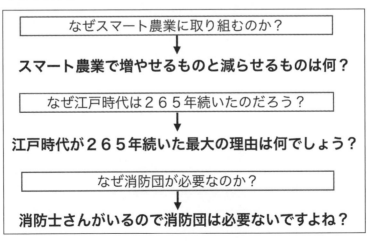

図7　問い方を変える

❺ 「複文型の問い」で問う

　例えば，「なぜ，ごみを6種類に分別しているのか？」という単文型の問いでは，「分別することに対するなぜ？」なのか「数が6であることに対するなぜ？」なのか「6種類の個々の内訳に対するなぜ？」なのかがよくわかりません。しかし，「A市では紙類という分類がなく5種類なのに，なぜ（自分たちの市は）6種類に分別しているのか？」という複文型の問いにすることで，「紙類という分類項目の有無に対するなぜ？」を問われていることがよくわかります。何を問題にしたいのかが非常に明確になるのです。発問の形だけが大切なのではなく，前後の文脈を考えることも重要です。（授業の具体はp65をご参照ください）

　疑問詞を分析してどのような知識をつけさせたいのかを考えると共に，問いを含む構文を分析して子どもたちに社会をどう読ませたいのかを考える必要があります。

　複文型の問いについては，『「差異の思考」で変わる社会科の授業』（2002）をご参照ください。

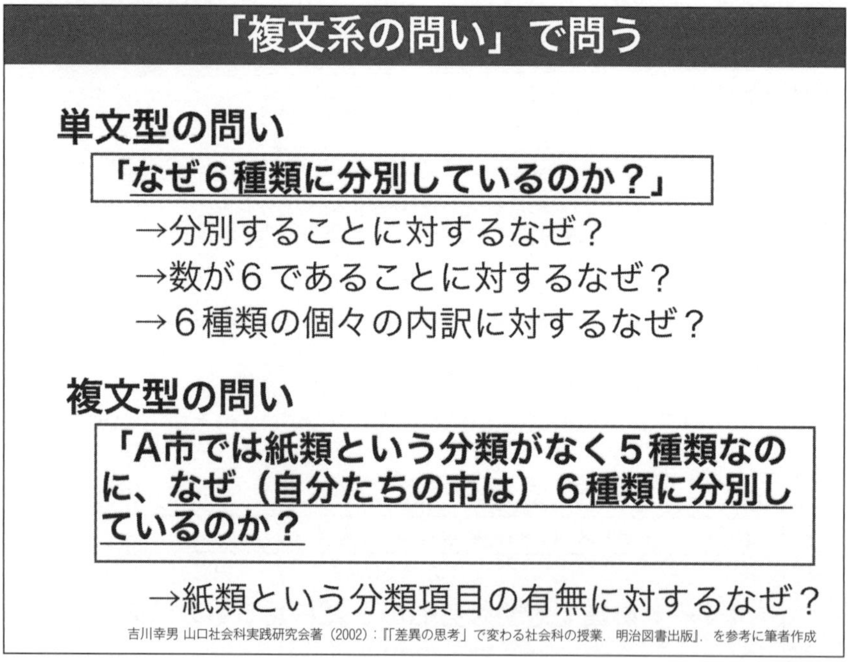

図8　複文型の問いで問う1

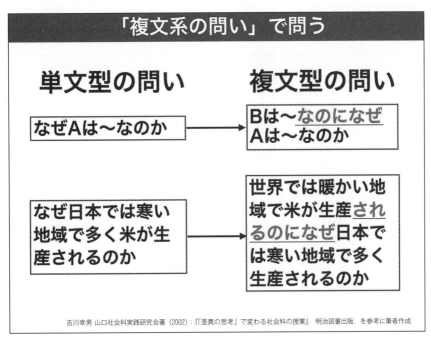

図9　複文型の問いで問う2

 心理的な組織化

❶心理学的側面からみた発問

　よい発問を生み出す条件として，子どもたちの経験や，子どもたちの感じ方や理解の仕方，価値観等に働きかける発問が考えられます。ここでは，子どもたちの心理面に働きかける発問について述べていきます。

[ゆさぶり発問]

　子どもたちの心理的葛藤を促す問いである「ゆさぶり発問」について，山崎林平（1976）は，次のように述べています。

　ゆさぶり発問についての概念規定として，

> 　子どもの常識的な解釈や集中，緊張の欠けた平板な授業展開に，問題を投げかけ，授業の中に変化をもたらし，緊張関係をつくり出す教師の意図的な働きかけである。

子どもたちの平板で皮想的な知識や考え方に，変革と飛躍をうながす働きかけである。

この二つに代表されます。言葉の相違は見られますが，本質は同じものと考えます。前者は，授業に対して，後者は子どもに対してゆさぶりの対象をおいています。

また，「ゆさぶり発問」のもっている要素として，次の6つを紹介しています。

①無知であることをさとらせるもの
②否定的逆説な意味をもつもの
③意表をつき，はっとさせるもの
④変化と緊張をつくりだすもの
⑤探究心をあおりたてるもの
⑥思考に抵抗と対立を与えるもの

また，斎藤喜博（1979）は，「ゆさぶり」について次のように述べています。

　緊張と集中を持ちながら，深く考え，その結果として，今まで自分はわかっていたと思っていた子どもも，「ほんとうはわかっていなかったんだなあ」と思い，別の世界に自分が入った喜びを持つようになってくる。そういう体験を数多くしていくことによって，結果的に新鮮な子どもになる。我の強くない，新鮮な，ナイーブな，しかも強い子どもにもなっていくわけです。

さらに，吉本均（1979）は，よい発問としてゆさぶり発問を肯定した上で，次の2点を指摘しています。

①教師が「わざとうそをいう」ことで対立をつくるというあやまち。
②「とにかく，ゆさぶればよい」「ゆさぶることはいいことだ」という心理主義的な理解のあやまり。

「ゆさぶり」はただやみくもに子どもの考えを否定するのではなく，子どもたちに理解の仕方や解釈の捉え方の弱さや不十分さを気づかせ，より高い次元へ発展させていくものでなければいけません。子どもたちの一面的な解釈に否定的な問いかけをすることによって，最初の解釈から質的に発展させることができます。

つまり，「ゆさぶり発問」を行うことは，子どもの思考を活性化させ，学習内容の捉え方が

豊かになるような授業構成にできる可能性を秘めています。

❷「知覚語」で問う

有田和正の有名な発問に

> 「バスの運転手さんは，どこを見て運転していますか？」

という発問があります。

　「バスの運転手さんは，どんな仕事をしていますか？」という発問は，既有の知識を問う発問で，運転手の仕事について知っている子しか答えることができません。一方，「どこを見て運転していますか？」では目に「見えるもの」を問うので，子どもたちは答えやすく豊かな反応が引き出されます。

　「どこを見て運転していますか？」という発問の有用性を宇佐美寛（1985）は，「経験された事実について詳細に具体的に語らせるためには，身分語ではなく，知覚語で発問すべきである」という命題によって説明しています。「身分語」とは，「仕事」のように，状況を越えたある身分を示す語のことで，「知覚語」とは，「見る」「聞く」のような語のことを言います。

　「どこを見ているか」を問うことで，子どもの経験と結びつき，イメージ豊かに考えることができます。つまり，「知覚語」で問うことによって，子どもは経験された事実について詳細に具体的に語るようになるのです。

❸感覚に働きかける

　見る，聞く，触れる等の感覚に働きかけることで，より直接的で具体的な発問になることが考えられます。その代表的なものが「実物資料」です。目の前に実物があるため，事実を容易に確認でき，子どもたちはイメージ豊かに想像することができます。また，自分の生活経験や体験と比較しやすく，子どもによって様々な視点から捉えることができます。これらの「実物資料」の特性を生かして，具体的な発問の準備ができます。

どのように	
再生	「〇〇さんが言ったことをもう一度言える人?」 「〇〇さんがとっても大切なことを言ってくれました。〇〇さんの発言の大切な部分を隣の人と伝え合いなさい」
継続	「今,〇〇さんが『〜だけど』と言いましたが,〇〇さんがその続きにどんなことを言おうとしているか予想できる人?」
暗示	「〇〇さんがよいことに気づいています。今から〇〇さんにヒントを出してもらいます」
解釈	「今,〇〇さんが〜と言った意味がわかりますか?」

図10　共有化の方法

　共有化とは,一人の考えのよさを全員に広げ,全員でよりよい考えをつくりだしていくことです。理解力の優れた一部の子ども中心の授業にならないようにするために,共有化を促す発問を行うことが重要です。図10のような「再生させる発問」「継続させる発問」「暗示させる発問」「解釈させる発問」などが考えられます。

　共有化を図ることで,理解のゆっくりな子は,他の子の考えを聴きながら理解を進めることができます。理解の早い子は,他の子へ考えを伝えることでより深い理解につながります。共有化を行うことで,全員理解に近づけることができます。

　また,共有化を図る際に子どもの固有名詞を入れることで,子ども同士のつながりをより意識することができます。

発問パターン

　本書では,以上の論を踏まえ,発問が活用される授業過程よって発問を分類します。本時を授業過程によって大きく分ければ,「導入」→「展開」→「終末」の3場面に分けることができます。

「導入」―子ども達が社会的事象と出合い,本時の問いを設定する場面

「展開」―子ども達が調べたり,調べてわかったことから考えたりする場面

「終末」―本時の問いの答や自分の考えをまとめたり,さらに発展的に考えたりする場面

次の第3章からは，それぞれの場面での発問を具体的に述べていきます。機能で分類しているわけではないので，それぞれの発問がどのような機能を果たすのかは本章をご参照ください。紹介する発問の多くは汎用的に使用できるものです。具体的な授業場面を紹介していますが，ご自身の授業案と照らし合わせてアレンジしていただけると幸いです。

　また，本章の冒頭で述べたように，発問は，一連の授業の中での文脈に合わせて組織すること，教科目標や教材に即して組織すること，働きかける対象である子どもの実態を捉えて組織することが重要です。発問を使用する際のポイントだけでなく，教材との関わりや学習過程の文脈，発問や教材に関するバックグラウンド等も踏まえて記しています。

〈参考文献〉

豊田久亀（1984）『社会科研究 No264』「発問研究はどこまで進んでいるか」明治図書

吉本均（1974）『訓育的教授の理論』明治図書

有田和正（1988）『社会科発問の定石化』明治図書

文部科学省（2017）『小学校学習指導要領（平成29年告示）解説社会編』

澤井陽介・加藤寿朗編著（2017）『見方・考え方　[社会科編]』東洋館出版社

藤川大祐（1989）『授業づくりネットワーク No6』「『発問する』とはどういうことか」学事出版

有田和正（1986）『社会科教育指導用語辞典』「発問」明治図書

白鳥晃司（1980）『子どもがたのしくわかる社会科11月号』「すべての子どもがイメージ豊かに学び取る社会科―『なぜ』より『どのように』」

藤岡信勝（1985）『現代教育科学 No.346』「何が『追試』されるのかを明確に」

片上宗二（2013）『社会科教師のための「言語力」研究』風間書房

一般社団法人 日本授業 UD 学会（2021）『テキストブック　授業のユニバーサルデザイン　社会』

白鳥晃司（1986）『社会科教育 No.286』「『なぜ』よりもまず『どのように』『どうするか』発問を」明治図書

渡辺雅子（2004）『納得の構造 日米初等教育に見る思考表現のスタイル』東洋館出版社

吉川幸男，山口社会科実践研究会（2002）『「差異の思考」で変わる社会科の授業』明治図書

山崎林平他（1976）『社会科のゆさぶり発問』明治図書

斎藤喜博（1979）『教師の仕事と技術』国土社

北俊夫（1991）『ゆさぶりのある社会科授業を創る』明治図書

吉本均（1979）『学級で教えるということ』明治図書

吉本均（1982）『ドラマとしての授業の成立』明治図書

落合幸子（1986）『発展発問の効果に関する教育心理学的研究』風間書房

藤岡信勝（1985）「授業研究における理論の有効性とは何か」日本教育方法学会編『子どもの人間的自立と授業実践』明治図書

宇佐美寛（1985）『現代教育科学』「再び定石化を疑う」明治図書

澤井陽介・中田正弘（2014）『社会科授業のつくり方』東洋館出版社

北俊夫（1991）『ゆさぶりのある社会科授業を創る』明治図書

豊田久亀（1988）『明治期発問論の研究―授業成立の原点を探る』ミネルヴァ書房

有田和正（1988）『社会科発問の定石化』明治図書

築地久子（1991）『生きる力をつける授業』黎明書房

吉本均（1989）『授業をつくる教授学キーワード』明治図書

藤岡信勝（1989）『授業づくりの発想（授業づくりの本)』

加藤秀俊（1969）『人間開発』中公新書

吉本均（1995）『発問と集団思考の理論』明治図書

日台利夫（1981）『社会科授業技術の理論』明治図書

横須賀薫（1990）『授業研究用語辞典』教育出版

岡﨑誠司（2018）『社会科授業4タイプから仮説吟味学習へ』風間書房

吉川幸男他（2002）『「差異の思考」で変わる社会科の授業』明治図書

大西忠治（1969）『教師にとって実践とは何か』明治図書

吉本均（1970年）『現代授業集団の構造』明治図書

日台利夫（1981）『社会科授業技術の理論』明治図書

新見謙太・有田和正編（1987）『社会科考えさせる発問の技術　小学4・5・6年』明治図書

吉本均（1987）『授業の原則「呼応のドラマ」をつくる』明治図書

大西忠治（1988）『発問上達法―授業つくり上達法PART2―』民衆社

西尾一（1989）『社会科発問づくりの上達法』明治図書

吉本均（1995）『発問と集団思考の理論』明治図書

永井政直（1992）『社会科授業の理論と実践』文教書院

吉本均（1995）『発問と集団思考の理論（授業改革理論双書）第二版』明治図書

岡﨑誠司（1995）『社会科の発問 If-then でどう変わるか』明治図書

久田敏彦・深澤広明編（2006）『学習集団の指導技術』明治図書

豊田ひさき（2007）『集団思考の授業づくりと発問力　理論編』明治図書

伊東亮三（1990）『社会科教育学』福村出版

田倉圭市（1982）『発問が集団思考を促しているか』明治図書

石井英真（2020）『授業づくりの深め方「よい授業」をデザインするための5つのツボ』ミネルヴァ書房

川上和美（1981）『教科別発問のしかた』「社会科の発問」あゆみ出版

宮野公樹（2021）『問いの立て方』ちくま新書

盛山隆雄（2021）『思考と表現を深める算数の発問』東洋館出版社

川端裕介（2021）『見方・考え方を働かせる発問スキル50』明治図書

『道徳教育』編集部編（2019）『考え，議論する道徳をつくる新発問パターン大全集』明治図書

第3章

「深い学び」を生み出す
新発問パターン
導入編

◯◯について知っていることは何か

▶興味や関心を引き出す発問

 ## 発問のポイント

❶社会的事象との出合いを吟味する

　社会科では，どのような社会的事象を子どもたちと出会わせるのかを考えることが重要です。例えば，

> ◯その後の学習の方向性が見いだせる社会的事象
> ◯子どもの興味・関心や驚きを引き出す社会的事象
> ◯疑問が生まれ，解決への意欲が高められる社会的事象
> ◯単元の目標にせまることができる社会的事事象
> ◯追究する際に具体的に調べ・考えるために必要な資料が用意できる社会的事象

などが考えられます。

　また，できるだけインパクトのある出会わせ方を演出したいものです。例えば，モノやエピソード，視聴覚教材や人等，社会的事象との出会わせ方は様々なものが考えられます。いずれにしても，子どもたちが社会的事象と出会うのは，あくまでも社会の一部を切り取ったものです。

❷興味，関心，疑問を引き出す

　社会的事象と出会わせる際に小さな発問をくり返すことで，学習意欲を高め，興味，関心，疑問を引き出すことが重要です。学びに対するエネルギーは，出会わせる社会的事象と発問によって大きく左右されます。

　まずは，子どもの生活経験や既有知識を引き出します。社会的事象と自分の生活が無関係ではないことを意識させるためです。

発問を生かした授業例
3年生　単元名「地域の安全を守る」

単元「地域の安全を守る」（3年）消防の導入場面です。

まず，火災の映像を見せます（火災で辛い経験をしたことがないか事前に子どもたちに確認する等の配慮が必要）。

その後，

「火事について知っていることは何ですか？」

と問います。

子どもたちは「危ない」「怖い」「火の勢いがすごい」「すぐに燃えてしまう」と口々につぶやきます。

続けて，

「火事を見たことがある人はいますか？」

と問います。

子どもたちは「私の家の近くで見たことがあります。とても怖かった」「たばこの火の消し忘れでよく火災になるということをニュースで聞いたことがある」など，どんどん発言します。

さらに，

「火事になって困ることは何ですか？」

と問います。

子どもたちは「全てが燃えてなくなってしまう」「人が亡くなることもある」などと発言します。

このように，子どもたちは火災に関する社会的事象と出会います。小さな発問を繰り返すことで子どもの興味関心を高めさせ，問題意識をもつ段階です。その後，学習問題に気づかせるための発問を行うと効果的です。

> 火事について知っていることは何ですか？
> ・危ない　・火の勢いがすごい
> ・こわい　・すぐに燃えてしまう
> 火事を見たことがある人？
> ・私の家の近くで…
> ・この前○○の建物が…
> 火事になって困ることは？
> ・ものを失う
> ・命を失う

〈参考文献〉

宗實直樹（2021）『宗實直樹の社会科授業デザイン』東洋館出版社

何が見えるか

💬 発問のポイント

❶見えることを問う

「何か気づいたことはありませんか？」という発問は便利な発問ですが，資料を読みとることに苦手意識がある子には難しく感じます。そこで，気づくよりも一歩手前の絵図から見えるものを問います。「何が見えますか？」と発問すれば，子どもたちは実際に描かれているものについて答えます。見たままを答えればいいので，読み取ることに苦手意識をもっている子にとってもハードルが下がり，授業に参加しやすくなります。

❷見えるものを探させる

6年生「武士による政治のはじまり」を例に説明します。貴族のやしきと武士の館の絵図を使用します。教科書に掲載されている絵図をそのまま見せて考えさせる方法もあります。しかし，そのままでは，想像図のどこを見たらよいのかがわからない子が想定されます。

そこで，「だれがいますか？」「どこにいますか？」と発問し，実際にいる　人に焦点をあてて探させます。また，絵図のある一部（人）をアップにし，「この人はどこにいますか？」と発問し，探させることも効果的です。アップで指定されているので探しやすくなります。他に，それぞれの屋根をアップで見せ，どちらが貴族のやしきでどちらが武士の館なのかを考えさせて探させます。

このように部分を見せ，お互いの違いを見つけさせていくという方法です。それぞれの違いを明確にすることで，それぞれ全体の様子や特徴がわかりやすくなります。

発問を生かした授業例
6年生　単元名「大昔のくらしとくにの統一」

　6年生「大昔のくらし」の学習です。どの教科書にも，縄文人の生活の様子を描いた想像図が掲載されています。

「何をしている縄文人だと思いますか？」

　と問い，右のような絵を見せます。狩りをした縄文人です。その後，再度想像図を見せます。縄文人の行動に焦点が当たり視点が明確になっているので，子どもたちは探しやすくなっています。

　このように，様々な活動をしている縄文人を探す活動を通して，縄文時代の生活の全体像が把握できるようにします。

　最初から全体の想像図を見せると，子どもたちはどこを見たらいいのかわからなくなります。特に見る箇所を絞ることが苦手な子にとっては苦痛です。まずは視点を絞って発問し，全員で考え理解することから始めます。そこから他に視点を広げさせるようにします。

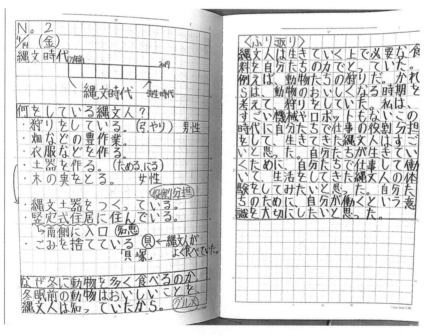

〈参考文献〉

佐藤正寿（2020）『WHYでわかる！HOWでできる！社会の授業Q＆A』明治図書

宗實直樹（2021）『社会科の「つまずき」指導術』明治図書

どちらが正しいと思うか

▶考えさせたい部分を焦点化する発問

💬 発問のポイント

❶楽しく授業に入る

二者択一のクイズ形式で導入することで，子どもたちは楽しんで授業に入ることができます。

例えば

「どちらが正しいと思うか？」

「どちらの方が多いと思うか？」

「どちらの方が安全だと思うか？」

「どちらの方が古いのか？」

例えば，右図のように正しい方を選ばせて，信号機の色の配置と理由を考えさせます。

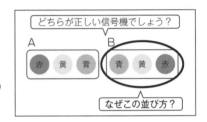

❷目の前の子に合わせる

クイズ形式と言っても様々なものがあります。

- ・選択型クイズ
- ・択一クイズ
- ・○×クイズ
- ・穴埋めクイズ
- ・画像クイズ
- ・並び替えクイズ

などです。

目の前の子どもと学習内容に合わせて，効果的だと思われるにクイズを選択します。

いずれにしても，選択したクイズが授業の学習内容と結びついているということが重要です。

発問を生かした授業例
3年生　単元名「地域の安全を守る」

ふだん子どもたちが見ているようで見ていないものをクイズにすると効果的です。ここでは横断歩道の事例を紹介します。

まずは横断歩道の絵を描かせます。

右図のAかBを描く子が多いです。

> 「AとB，どちらが正しい横断歩道だと思いますか？」

と発問します。

答えはBです。1992年にAのはしご型からBのゼブラ型に変更になりました。

> なぜAからBに変更されたと思いますか？

と発問します。

Bの方が水はけがよく，標示面でのスリップを防止できるからです。

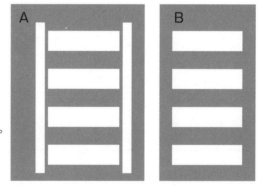

児童　何気なく見ていた横断歩道にもそんな秘密があることを知ってびっくりしました。

児童　ずっと同じではなくて，変化しているんだね。

教師　君たちの安全を守るために工夫されているものは，横断歩道だけなのですよね？

児童　そんなことないと思います。他にも例えば，ガードレールは丈夫なつくりになっていると思います。

ゆさぶりを入れて，横断歩道以外の安全を守る工夫を探させます。家で調べてきたり，課外の時間を使ってまとめてきたりする子も出てくると考えられます。

このように，二者択一のクイズから，答えの理由を問うことで，捉えさせたい学習内容へとどりつかせることができます。クイズの答えを伝えて終わりにするのではなく，理由を問うことが重要です。

〈参考文献〉

宗實直樹（2021）『宗實直樹の社会科授業デザイン』東洋館出版社

何がかくれているか

▶考えさせたい部分を焦点化する発問

 発問のポイント

❶見せ方を工夫する

　社会科授業において，資料は欠かせません。どのような資料を選択し，どのように資料を提示していくかを考えることが重要です。また，資料の見せ方の工夫により授業の展開も大きく変わってきます。

　資料の見せ方の工夫として，

・かくす

・ダウトをつくる

・並べる・比べる

・アップにする・ルーズにする

・止める

などが考えられます。

❷考えさせたい部分に焦点をあてさせる

　資料の見せ方の工夫をすることで，その部分に焦点が当たります。どこを見たらいいのかわからなくて困っている子どもの助けになります。また，資料の見せ方を工夫することで子どもたちは問いをもちます。資料とセットで発問をするとより効果的です。

　このように，考えさせたい部分に焦点を当てることで，社会的な見方・考え方を働かせ，授業のねらいに迫るきっかけとなります。つまり，問いをもたせるための授業の導入場面で資料の見せ方の工夫を行うことが多くなります。

発問を生かした授業例
5年生　単元名「寒い土地のくらし」

　ここでは，比較的簡単にできる「かくす」方法について説明します。

　5年生「寒い土地のくらし」の学習です。写真の下の部分を隠した資料を提示します。

　隠すと子どもたちは何が隠れているのか気になり，自ずと

「何があるのだろう？」

「何をしているのだろう？」

と疑問に思います。

　そこで，

> 「何がかくれていると思いますか？」

と発問します。

　子どもたちは「雪かきかな？」等と口々に答えます。しかし実際には，ただの雪かきではありません。

　何をしているところかを予想をさせた後，隠している部分を見せます。雪の下に隠れていたキャベツを掘り出していたことを理解させます。

　そして，

「なぜ雪の下にキャベツを置いていると思いますか？」

と発問します。

　子どもたちは，

「雪の冷たさとキャベツに何か関係があるのだろうか？」

「置いている期間はどれくらいなのか？」

と，地理的な視点（気候）や歴史的な視点（経過）から考えようとします。このように，資料の一部を隠して発問することで，社会的な見方・考え方を働かせやすくなります。

（写真提供：JA大北）

　ちなみに，雪の下にキャベツを置く理由は，寒さでキャベツの糖度が増し，甘くなるからです。寒い土地にくらす人々の知恵です。

〈参考文献〉

村田辰明編著（2021）『テキストブック 授業のユニバーサルデザイン 社会』日本授業UD学会

これは何だと思うか

▶「モノ」から考えさせる発問

 発問のポイント

❶「モノ」でイメージを広げる

『授業活性化のすぐ使える「モノ」図鑑＜社会科教育別冊＞』の中で，村上浩一（1993）は「モノ」について次のように定義づけています。

> 1 『モノ』とは，人間が社会生活の中でつくり出してきた物である。
> 2 『モノ』とは，人間が社会生活の中で発見・利用してきた物である。
>
> 教材—実物，絵・図・写真，統計資料，物語・民話，見学，事実（発問），子どものアイデア，童話・民謡など。
>
> この中の『実物』『絵』などに当たる物が，『モノ』である。

そして，「モノ」の特性として，次の七点を示しています。

1 『モノ』は，子ども達を引きつける力がある。
2 『モノ』は，発問を内包している。
3 『モノ』は，学習手順を与える。
4 ある『モノ』をヒントに，たくさんの『モノ』が出現してくる。
5 『モノ』は，難から易へと提示していく。
6 『モノ』は，子どもたちの認知能力を（具体化して）助ける力がある。
7 『モノ』は，人間の社会生活を代弁している。

❷「モノ」から問いを引き出す

上記2に示されているように，「モノ」自体に「問い」が含まれているので，多くの発問は必要ありません。「モノ」とセットで発問を「添える」ぐらいの感覚でよいでしょう。

発問を生かした授業例
5年生　単元名「工業生産と工業地域」

　子どもたちは海沿いに工業地域が多くあることを学習しています。ここでは，内陸の「長野県松本市」を事例に扱います。まず，「工業都市は海沿いに多い」という既習知識と資料との「ズレ」から「問い」を引き出し，問題意識をもたせます。

　児童　あれ，海沿いじゃない工業都市もあるよ。

　児童　輸送に困らないのかな。

　児童　とても不便そうだね。

　児童　何がつくられているのかが知りたいな。

　教師　今日はつくられているものをもってきました。

　IC チップの実物を提示しながら，

「これは，何だと思いますか？」

と発問します。

　児童　何それ？　小さい。

　IC チップの実物を見せ，子どもたちにもさわらせることで，小ささや軽さを理解させます。

　児童　IC は小さくて軽いから運びやすいんだね。

　児童　近くに高速道路や空港があるから運びやすいね。

　それだけでなく，IC の特徴と自然条件を関連付けながら考えさせます。空気がきれいで自然豊かな場所での生産が適していることを捉えさせます。

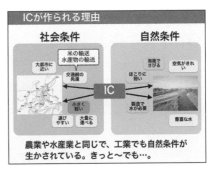

　児童　IC はほこりに弱いから空気がきれいな内陸で生産されているんだ。

　児童　IC の洗浄をするために水が豊富な場所が適しているんだね。

　児童　内陸は，海岸のように潮風がないのでさびにくいんだね。

　児童　工業生産も，自然条件を生かしているものがあるんだ。

〈参考文献〉

村上浩一氏（1993）『授業活性化のすぐ使える「モノ」図鑑＜社会科教育別冊＞』明治図書

宗實直樹（2021）『宗實直樹の社会科授業デザイン』東洋館出版社

どこの～か

▶場所に焦点を当てさせる発問

💬 発問のポイント

❶楽しく授業に入る

場所を問うクイズ形式で導入することで，子どもたちの意識が引きつけられます。

「どこの標識だと思うか？」

「どこの魚だと思うか？」

「どこの名産物だと思うか？」

「どこの銅像だと思うか？」

答えるために子どもたちは地図帳などを開いて調べはじめます。

❷視覚的に捉えさせる

　Google Earth も効果的です。様々な場面で活用できます。例えば5年生では「日本の地形」の学習があります。様々な地形として「島々が多い土地」「山がちな地域」「砂浜の続く海岸」などが教科書でも紹介されています。それらを映し，「ここはどこだと思いますか？」と発問します。ルー

ズで見たり，アップで見たりすることで，子どもたちから「問い」や気づきを引き出すことができます。

　右の写真は兵庫県伊丹市にある昆陽池の上空図です。池の中に日本列島が見えます。子どもたちは興味を示します。このようにして，日本の地図や地形に対する興味関心を高めることもできます。「ストリートビュー」モードに切り替えれば，その場所のリアルな様子を見ることができます。例えば，「群馬県嬬恋村」に立てば，辺り一面のキャベツ畑を見ることができます。「ここはどこだと思いますか？」「これだけの広さでどうやって栽培していると思いますか？」などと発問することができます。

発問を生かした授業例
4年生　単元名「わたしたちの県のようす」

マンホールの写真を提示し，

「どこのマンホールだと思いますか？」

と発問し，興味をもたせます。

　　児童　はさみ？

　　児童　外側はそろばんになっている！

　　児童　そろばんが有名な場所，聞いたことがある。

　　児童　地図帳や資料集にそろばんが載っています。

　自分の経験や資料から調べて発言します。

　その他，姫路市，西宮市，香美町など，他の市町をクイ
ズに出します。

　　教師　つまり，マンホールのデザインを調べると，何がわかりますか？

　　児童　有名なもの。

　　児童　特産品。

　　児童　名物。

　　児童　シンボル。

　マンホールには，その市町の特色が現れていることを確認した上で，オリジナル「兵庫県マ
ンホール」をつくります。

　直径10cm程度の円形カードを配布し，描かせます（ノートに描
くでも可）。絵がうまく描けるかどうかが大切ではなく，その市
町の特色を捉えているかどうかが大切であることを伝えます。

　マンホールクイズの出し合い方は，以下の通りです。

　①まずはマンホールデザインのみを見せて答えてもらう

　②ヒントを出したり，質問に答えたりしてもよい

　③地図帳や資料集を持ち歩いてもよい

　クイズをつくる子は自席でつくり，クイズを出し合いたい子は立って行います。

〈参考文献〉

宗實直樹（2021）『社会科の「つまずき」指導術』明治図書

佐々木潤編著（2021）『社会科授業がもっと楽しくなる仕掛け術』明治図書

どのように変化したか

▶比較を通して問題を把握させる発問

🗨 発問のポイント

❶学習過程の中の比較を把握する

「社会的な見方・考え方を働かせる」とは，社会的事象を追究する際の視点を明確にして問いを生み出し，比較，分類，関連づけなどの思考活動を行うことによって問題解決を図ることです。

その思考方法の1つとして「比較」に焦点をあてます。

下のような一般的な学習過程の中では，それぞれの場面ごとに比較の思考は有効に働きます。今回は，比較を通して問題を把握させる発問について説明します。

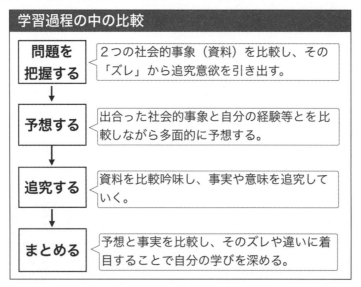

学習過程の中の比較
問題を把握する → 2つの社会的事象（資料）を比較し、その「ズレ」から追究意欲を引き出す。
予想する → 出合った社会的事象と自分の経験等とを比較しながら多面的に予想する。
追究する → 資料を比較吟味し、事実や意味を追究していく。
まとめる → 予想と事実を比較し、そのズレや違いに着目することで自分の学びを深める。

❷ズレを引き出す

大きく変化している2つの社会的事象を比較することで，子どもたちに「ズレ」を感じさせます。そこに「問い」が生まれ，追究意欲が高まります。例えば，江戸時代→明治時代の町の様子の変化など，時間軸での変化の視点をもたせると効果的です。

発問を生かした授業例
5年生　単元名「低い土地のくらし」

　まずは，岐阜県海津市が輪中になっていることを確認します。

教師　岐阜県海津市に住んでいる人々の悩みは何だと思いますか？

児童　雨が降ると，川の水があふれます。

児童　堤防が崩れたら大変。

児童　洪水などの水害が起こる。

児童　水がたまったら田んぼの被害が大きい。

教師　そうですよね。このような土地の低い場所ですから，洪水の被害が大きそうです。実
　　　際ありました。

　下図，左側の洪水を繰り返していた海津市の写真を提示します。

（写真提供：海津市歴史民俗資料館，海津市商工観光課）

児童　これはひどい……。

　その後に，右側の「自然の楽園」と呼ばれている現在の海津市の写真（海津市のパンフレット）を提示し，

　　　どのように変化しましたか？

と発問します。

児童　平和な感じになっています。

児童　花もいっぱいで自然の楽園って書いてある。

児童　何でこんなに変わったのだろう？

　このように，「過去の写真→現在の写真」を順番に提示して比較させることで，子どもたちはその変わりように驚きます。

　「どのように変化したのか？」「なぜ変化したのか？」

という「変化」の視点から問いを設けることができます。

○○さんは，なぜ驚いたと思うか

▶一人の驚きを周りに広めて「問い」をつくる発問

 発問のポイント

❶一人の驚きを全員に広める

　子どもたちが「問い」をもつ瞬間は，社会的事象との出合いなどで驚きを示したときです。その驚きをそのままにしてしまえば，その子がただ驚いただけで流れてしまいます。一人の子どもの驚きを取り上げ，「今，○○さんは『え〜！』と言って驚きました。○○さんは，なぜ驚いたと思う？」と，驚きの理由を周りの子に問うことで，一人の子の「問い」を全員のものにすることができます。

❷子どもの反応をよく見ておく

　子どもの驚きを取り上げるためには，子どもたちの様子をよく見ておくことが必須となります。「え！？」や「え〜〜！」，「何で？」，「うそ！」などとつぶやく子がいます。また，つぶやかなくても目を大きく見開いたり，口を大きく開けたりする子もいます。そういった子どもの反応をよく見ておき，見つけた瞬間に発問をすることが重要です。

❸子どもの驚きを引き出すポイント

　子どもの驚きを引き出すときのポイントは，

・数量の規模（こんなに多くの量を⁉）
・変化の大きさ（こんなに変わっているんだ⁉）
・意外性（予想外！）
・差異（まったく違っている！）

などが考えられます。

発問を生かした授業例
5年生　単元名「環境とわたしたちのくらし」

　琵琶湖の事例を扱った学習です。琵琶湖では，水質汚濁が目立った1970年代に地域住民による「石けん運動」が盛んになりました。数ある環境活動の中から「石けん運動」に焦点をあて，琵琶湖の環境や自分たちの生活，子どもたちの未来を守りたいと考える地域住民の思いや願いについて学習します。

　はじめに，合成洗剤を使うと赤潮が発生しやすくなることから，使用には手間のかかる粉石けんの使用がはじまったことを確認しておきます。

　その後，右図の「昭和55年8月」のグラフにブラインドをかけて提示します。

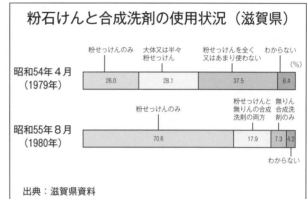

粉石けんと合成洗剤の使用状況（滋賀県）

出典：滋賀県資料

教師　さて，この「使用状況グラフ」，昭和55年にはどうなると思いますか？

児童　少しぐらい増えるかも。

児童　1年じゃあまり変わらないんじゃないかな。

　予想させた後にブラインドを外します。大幅に粉石けんの使用率が上がっていることに驚く子どもが出てきます。

　その子の驚きを確認し，

> 「○○さんは，なぜ驚いていると思いますか？」

と全員に問います。

児童　粉石けんの使用率がたった1年ですごく増えたことに驚いていると思います。

児童　粉石けんは使いにくいのに，すぐにこんなに増えていることに驚いているのだと思います。

　その子の驚きを周りの子に想像させることで，問いをつくることができます。

　「粉石けんは使用しにくいにもかかわらず，70％という高い使用率になったのはなぜだろう？」という本時で考えるべき問いにつなげることができます。

〈参考文献〉

河原和之編著（2017）『主体的・対話的で深い学びを実現する！ 100万人が受けたい社会科アクティブ授業モデル』明治図書

どんな〜がふさわしいか

▶ゴールを見通す発問

 発問のポイント

❶まとめの活動のバリエーションを知る

まとめの活動を少し工夫するだけで，子どもたちが学習に取り組む態度がかわってきます。例えば，以下のようなものが考えられます。

・ランキング
　「印象に残った工夫 BEST 3 を選ぼう」
　「一番〜だと思う人物を書こう」

・点数
　「〜の政策に点数をつけてみよう」

・川柳
　「今日の学習を川柳にして表そう」

・ライン（メール）
　「○○とライン（メール）のやり取りをしてみよう」

・セリフ
　「教科書○ pの絵（写真）にセリフを付け足そう」

・4コママンガ
　「今日の学習を4コママンガで表そう」

・アドバイス
　「〜さんの方法にアドバイスをしてみよう」

・表彰状
　「表彰状を贈りたいと思う人に，賞の名前をつけて贈ろう」

これらのまとめを想定して発問を考えると効果的です。

発問を生かした授業例
3年生　単元名「地域の安全を守る」

　今回は，「キャッチコピーをつくる」というまとめの方法について紹介します。

教師　「消防の仕事」と「警察の仕事」を学習してきました。今日
　　　は，これを使います。

児童　警察官と消防士さんのポスターだ。

教師　このポスター足りないものがあります。キャッチコピーです。
　　　消防と警察とどちらにも共通するキャッチコピーを考えてポ
　　　スターに書き込みます。

> 「どんなキャッチコピーがふさわしいと思いますか？」

と発問します。

　児童　何かがあったらすぐに駆けつけてくれる。

　児童　どちらも人の役に立つ働きをしている。

　児童　安心，安全を考えてくれている。

など，様々につぶやきます。

　その後の活動を，例えば以下のようなやり方で行います。

> (1)教科書等を参考に，消防の役割や工夫を付箋にできるだけ書く。
> (2)教科書等を参考に，警察の役割や工夫を付箋にできるだけ書く。
> (3)それぞれの付箋をノートに並べて「違い」と「同じ」を考える。
> (4)消防と警察の「違い」と「同じ」を3人に説明する。
> (5)キャッチコピーを書いて，ポスターに貼付する。
> (6)自分が書いたキャッチコピーを友達に紹介する。

すばやくかけつけみんな
で協力町のヒーローたち

　消防と警察の「違い」と「同じ」を考える学習活動を通して，「地域の安全を守る働き」に対する概念をより豊かにさせることがねらいです。

〈参考文献〉

水落芳明，阿部隆幸編著（2018）『これで，社会科の「学び合い」は成功する！』学事出版

宗實直樹（2021）『社会科の「つまずき」指導術』明治図書

だれが〜にふさわしいか

▶自己決定を促す発問

💬 発問のポイント

❶歴史と政治の学習のつながりを知る

新学習指導要領では歴史よりも政治を先に学習することになりました。

政治先習のよさは，先に憲法や国の政治のことを学ぶと，歴史の意味がよりわかることがあります。

ここで紹介する実践は，政治と歴史を学習した後のまとめの活動としての位置づけです。

```
主権者教育重視
 18歳選挙ー早いうちに「政治」に関わるように
議論した上での意思決定のプロセスを学ぶ
(1)我が国の政治の働き
     憲法の学習
          ※事例から入り、身近に引き寄せる。

     国や地方公共団体の政治
        日本の課題→地域の課題へ
(2)我が国の歴史上の主な事象
        先に憲法を学ぶと歴史の意味がよくわかる
(3)グローバル化する世界と日本の役割
        違いを理解する→協力することの大切さ
```

❷人物を比較する

歴史上の人物から理想の総理大臣や各省庁の大臣を選出し，組閣します。歴史人物の性格や偉業を比較することで，歴史上の人物の特色がよりはっきりと見えてきます。また，政治における内閣の役割をよりはっきりと認識することもできます。つまり，ゲーム的な要素を取り入れ，比較と吟味を通して歴史や政治に対する概念をより確かで豊かなものにすることがねらいです。

発問を生かした授業例
6年生　単元名「歴史人物で組閣しよう」

> 「歴史上の人物で組閣するとすれば，だれが大臣にふさわしいと思いますか？」

　子どもたちは，総理大臣や各省の仕事内容を調べ，歴史人物を各大臣に任命していきます。

児童　やっぱり総理大臣は聖徳太子でしょ。

児童　ぼくは聖徳太子は法務省だな。

児童　外務省は陸奥宗光に決定！

などとつぶやきながらその歴史人物を選んだ理由も含めてワークシート（組閣表）に記入していきます。

　完成した組閣表をグループで紹介し合います。

児童　結局ぼくはやさしい感じの組閣になったな。

児童　どんな政治を行おうとしているの？

児童　福祉を大切にした政治かなぁ。

児童　総理大臣に大塩平八郎を選んだのはなぜなの？

児童　やっぱり庶民のことを大切に考えて政策してくれそうだからね。

などとやりとりします。個々の歴史人物選択の理由も大切ですが，ここでは組閣した意図を中心に伝えます。そうすることで児童の政治に対するイメージがより強固なものとなります。組閣する活動を通して政治に対する理想像を表現できるようにします。

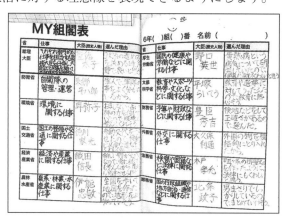

〈参考文献〉

本実践は吉川幸男・山口社会科実践研究会著（2002）『「差異の思考」で変わる社会科の授業』（明治図書出版）の野口政吾氏の実践を参考にしています。

水落芳明，阿部隆幸編著（2018）『これで，社会科の「学び合い」は成功する！』学事出版

第4章

「深い学び」を生み出す
新発問パターン
展開編

どのように〜か

▶事実を捉えさせる発問

発問のポイント

❶段階的に発問する

社会科における発問では，社会的事象の目には見えない意味や特色，相互の関連を捉えさせ，概念等に関わる知識を獲得させることが重要です。しかし，子どもたちにとって概念等に関わる知識を獲得することは容易ではありません。

そこで，概念等に関わる知識を獲得するための手段として「段階的に発問すること」が重要です。

事実把握から概念形成へ

「どのように？」で事実を捉え

どのように？

なぜ？

「なぜ？」で深める

「なぜ警察やガス会社に連絡するのか？」
「なぜ瀬戸内海は雨が少ないのか？」
「なぜ林業ではたらく人が増えたのだろう？」
「なぜ頼朝は鎌倉に幕府を開いたのだろう？」

概念等に関わる知識の獲得

❷まずは事実を捉える

まずは，第2章p22の図4にある「知るための発問」で目に見える社会的事象の様子や事実を捉えさせます。その後，「わかるための発問」や「関わるための発問」で目には見えない社会的事象の意味や特色，相互の関連を捉えさせます。

つまり，「いつ」「どこで」「だれが」「どのように」等の発問で事実的知識を獲得させ，「なぜ」「どうしたらよいか」等の発問で概念等に関わる知識を獲得させるのです。

多くの場合，「どのように？」の問いで事実を捉えて，「なぜ？」の問いで深めます。「どのように」「どのような」という発問は，「どのように広がっているのか」と位置や空間的な広がりに着目した場合，「どのように変わったのか」と時期や時間の経過に着目した場合，「どのような工夫があるのか」と事象や人々の相互関係に着目した場合があります。

発問を生かした授業例
5年生　単元名「自動車工業のさかんな地域」

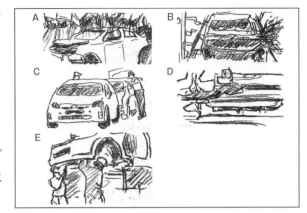

　5年生「自動車工業のさかんな地域」の学習です。組み立て工場の作業順の写真を提示します。

　「A〜E，それぞれ何をしているところだと思いますか？」
と問います。

　Aは塗装。Bは溶接。Cは検査。Dはプレス。Eは組み立て。いずれも見たり調べたりすればわかる事実です。その後，

「どのような順序で自動車がつくられると思いますか？」

と発問します。D→B→A→E→Cの順番となります。

　このように，時間の経過に着目した発問をすることで，自動車工場ではどのような順序で自動車がつくられているのかを理解することができます。

　しかし，これだけでは，目に見える事実を理解したにすぎません。そこで

　「この中でロボットが多く使われているのはどの作業だと思いますか？」
と発問します。子どもたちは予想します。「プレス，溶接，塗装」はロボットが多く使用されています。さらに，「なぜプレス，溶接，塗装はロボットが作業するのですか？」
と発問します。「人がすると危険なので」「重いものなので人間では無理があるから」などと答えます。これは，ロボットが作業をすることの意味理解です。つまり，目には見えないことです。

　このように，「どのように？」で目に見える事実を捉え，その後に「なぜ？」を重ねることで，子どもは社会的事象の特色や意味を深く捉えることができます。

なぜ〜か

▶目には見えないものを見いだす発問

💬 発問のポイント

❶意図的に「なぜ？」を問う

社会科は暗記教科だとよく言われます。思考場面がなく，ただ教科書を読むだけの授業を経験した方も多いのではないでしょうか。教科書の中には「なぜ？」を問う場面が見つからないことがあります。そこで，1時間の授業を組み立てるときに，意図的に「なぜ？」を入れるようにします。「なぜ？」は目に見える事実から，目には見えない意味や特色を導くための「問い」なのです。「なぜ？」を授業の中で問うことで子どもたちは思考し，「考える社会科授業」にすることができます。

❷問いの分類表を子どもに渡す

第1章でも述べたように，子どもが自ら問うようにすることが重要です。しかし，ただでさえ答えることが難しい「なぜ？」の問いを自問できるようになることは難しいです。

そこで，次のような図を子どもに渡し，どのような問いをもてば，何がわかるのかを明示的に示せるようにします。「なぜ？」を問うことで，目には見えない意味や特色などを見いだせることを意識づけることができます。

分類	見方（視点）			獲得できるもの
	場所	時間	関係	
知るための問い いつ？ どこで？ だれが？ 何を？ どのように？	どこで広がったのか どのように広がっているのか	何が変わったのか どのように変わってきたのか	だれが生産しているのか どのような工夫があるのか	目に見えるもの 事実
分かるための問い なぜ？ そもそも何？	なぜこの場所に広がっているのか	なぜ変わっているのか	なぜ協力することが必要なのか	目に見えないもの 意味 特色 想い 願い
判断するための問い どちらが〜？ 〜するべき？	さらにこの場所に広げるべきだろうか	どのように変わっていくべきなのだろうか	共に協力する上でAとBとどちらが必要だろうか	

58

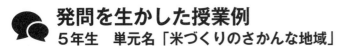

発問を生かした授業例
5年生　単元名「米づくりのさかんな地域」

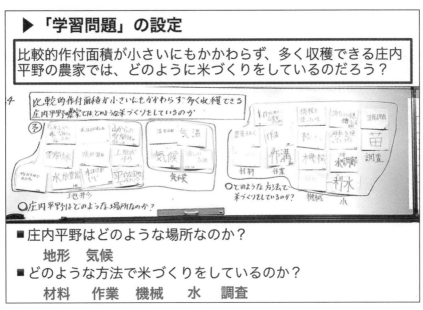

> ### ▶「学習問題」の設定
>
> 比較的作付面積が小さいにもかかわらず、多く収穫できる庄内平野の農家では、どのように米づくりをしているのだろう？

■ 庄内平野はどのような場所なのか？

　　地形　気候

■ どのような方法で米づくりをしているのか？

　　材料　作業　機械　水　調査

　上記のように「比較的作付面積が小さいにもかかわらず，多く収穫できる庄内平野の農家では，どのように米づくりをしているのだろう？」という学習問題を設定し，調べていく観点（地形，気候，材料，作業，機械，水，調査など）を設定します。この後，数時間をかけて教科書や資料集，端末を使用して情報を集め，子どもたちが自分で学習問題を解決できるようにします。

　得た情報を整理・分析する中で「なぜ？」を問い，「目には見えないもの」を見い出していくことが重要です。しかし，調べた事実に対して自分で「なぜ？」と問い，社会的事象の目には見えない意味や特色を見いだすことは非常に難しいことです。個人差が大きく出てしまうことが課題です。

　そこで，子どもたちが調べた事実に応じて，

「なぜ平らで広い土地があるといいのだろう？」

「なぜ機械を使うようになったのだろう？」

などと随時発問していきます。

　まずは教師の発問からはじめ，徐々に「なぜ？」を自ら問えるようにしていきます。

発問を生かした授業例
6年生　単元名「江戸幕府と政治の安定」

　第2章23ページで説明していますが,「なぜ〜?」という発問は子どもにとって答えるのは難しい発問です。

　例えば,「7月から10月の間になぜ多くのキャベツが群馬県から出荷されてくるのだろう?」と発問すると,

　　・7月から10月の間である理由

　　・少ないのではなく,多い理由

　　・他の県ではなく,群馬県からである理由

等,何に対して答えればよいのかが曖昧になります。

　また,「なぜ○○にダムをつくるのか?」と発問すると,

　　・「水不足が続いているから」という「背景」について答えるのか,

　　・「これからの備えのため」と「意図」を答えるのか,

　　・「水が流れやすい土地だから」と「地理的条件」を答えるのか,

文脈がないと思考が拡散してしまいます。

　そこで,問い方を変えて,「なぜ」を使わずに「なぜ」を問う発問に代える工夫が必要です。

　例えば,6年生の歴史の学習です。江戸幕府の政策を学習し,幕府が265年間も続いたことを理解させます。

　「なぜ江戸時代は265年続いたのだろう?」という問いよりも,

「江戸時代が265年続いた最大の理由は何でしょう?」

の方が,最も効果的だったものに焦点を絞って考えればよくなります。

　抽象的な言葉でなく,具体的に考えられるので子どもたちにとって答えやすくなります。それぞれの子どもから出てきた具体を比べながら検証することもできます。

　その他,「工業がさかんな条件は何か?」「一番大切にしたい工夫は何か?」「○○のためになくてはならないものは何か?」などの発問が考えられます。

発問を生かした授業例
5年生　単元名「これからの食料生産とわたしたち」

同じく，「なぜ」を使わずに「なぜ」を問う発問です。

ロボットAIやIoTを導入したスマート農業について調べることを通して，持続可能を目指す新しい農法のよさと課題について学習します。

まず，無人トラクター，無人田植え機，無人稲刈り機を提示します。

教師　3つに共通していることは何だと思いますか？

児童　すべて人が乗っていない。AIロボットの自動運転だ。

その他，ドローンによる農薬散布の動画等も見せます。

教師　こういった無人トラクターやドローンなどのロボット技術や情報通信技術を活用した農業を「スマート農業」と言います。

> 「スマート農業に取り組むことで『減らせること』と『増やせること』は何がありますか？」

児童　人件費を減らして収入が増えそう。

児童　この農法なら若い人も興味をもって増やせそう。

児童　後継者も増えるね。

児童　人手不足の問題が減りそう。

児童　作業時間を減らせるので生産額は増えるよね。

教師　スマート農業についてどう思いましたか？

児童　すごい。

児童　みんな取り組んだらいい。

教師　そうだよね。これだけすばらしいんだからみんな取り組めばいいのにね。

児童　値段がとても高いんじゃないかな。

児童　データのセキュリティなども難しそうだね。

児童　故障したら大変そう。

児童　だれもが操作できるわけではないと思う。

児童　小規模な営農をしている人たちは導入しなくてもいいのかもしれないね。

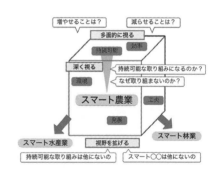

〈子どものふり返り〉

「スマート農業に取り組むことで生産性も上がり，様々な人が農業に興味をもちそうだ。だれもが操作できなかったり，値段が高かったりするなど，心配することもある。でも，スマート農業に取り組むことで，持続可能な農業にすることができると思う」

～であるのになぜ～か

▶何が問題かを明確にする発問

 発問のポイント

❶「なぜ」の難しさを捉える

例えば，「なぜ事故は減っているのだろう？」と問われても，自動車の性能の向上に対するものなのか，周囲の設備の問題なのか，人の意識に対するものなのか，答えるべき理由は実に様々です。何に対して答えてよいのか，

> なぜ事故は減っているのだろう？
>
> ・自動車の性能がよくなった
> ・自動車の性能を上げる開発が行われた
> ・道が整理された
> ・信号機が設置されるようになった
> ・交通安全の啓発運動がされている
> ・交通安全に対する意識が上がった
>
> もの
> 環境
> 行為
> 意識

どう答えてよいのかが曖昧になりやすいので，子どもたちにとって「なぜ～？」の問いは答えにくい問いとなります。だからこそ，「なぜ」という発問を使うときには注意が必要です。しかし，「なぜ」の発問は「目には見えない意味や特色」を導くための問いなので，社会科にとって重要な問いだと言えます。

❷「なぜ？」を考えやすくさせる

「なぜ～？」という問いに答えやすくするための手立てが必要です。そこで考えたい問いは，「複文型の問い」です。「複文型の問い」とは，複数のものを対比させることによって生まれる問いです。「Bは～であるのに，なぜAは～？」「Bは～しているが，Aはどうすればよいか？」といった形の問いになります。複文型の問いについては，p26をご参照ください。

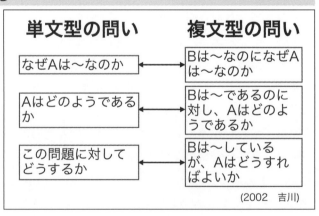

単文型の問い	複文型の問い
なぜAは～なのか	Bは～なのになぜAは～なのか
Aはどのようであるか	Bは～であるのに対し、Aはどのようであるか
この問題に対してどうするか	Bは～しているが、Aはどうすればよいか

(2002　吉川)

発問を生かした授業例
5年生　単元名「高い土地のくらし」

　5年生「高い土地のくらし」の学習です。

　一般的にキャベツの生産は春が多いことや，群馬県のキャベツ生産がさかんなことを確認したあと，右のようなグラフを提示します。

　子どもたちは，群馬県のキャベツの生産が夏や秋に多いことに気がつきます。

　そこで，

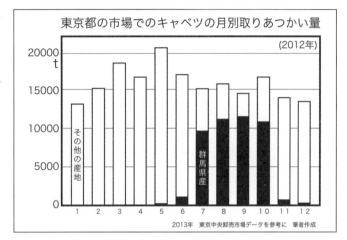

> 「他の県は春に出荷が多いのにもかかわらず，なぜ群馬県では秋に出荷が多いのだろう？」

と発問します。

　このように複文型の問いで発問することで，思考の中心が，春か秋かという「時期」に絞られます。群馬県が夏や秋に出荷できる理由を考えればよくなります。

　児童　他の県と違って夏や秋に多い。

　児童　そういえば，群馬県の嬬恋村は標高の高い場所にあるよ。

　児童　高くて涼しい気候が関係しているのかな。

など，土地の高さと気候を関連づけて考えようとする子が出てきます。そこで，右の2つの図を関連付けて考えさせます。

　複文型の問いで発問することで，何を問題にしようとしているのかが明確になります。ある程度焦点化されるので，「なぜ～？」という発問に答えやすくなります。

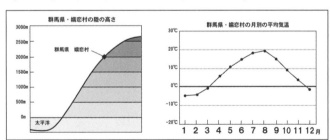

〈参考文献〉

宗實直樹（2021）『社会科の「つまずき」指導術』明治図書

発問を生かした授業例
5年生　単元名「水産業がさかんな地域」

　兵庫県姫路市坊勢島の水産業では，鯖の畜養をしています。蓄養するには大きないけすを用意したり大量の餌を用意したりする必要があります。それにも関わらず，なぜ蓄養するのかを考えさせます。

　教師　坊勢では，鯖もたくさんとれます。とった鯖をどこに運ぶと思いますか？

　児童　港に運ぶんじゃないのかな？

　教師　だと思いますよね。それが違うのです。

坊勢島周辺の上空図を提示します。

　児童　いけすだ。

いけすの大きさや数，一つのいけすで育てている鯖の数を説明します。

　児童　一つのいけすの中に約3000匹の鯖がいるんだ。そのいけすが30以上！

いけすの中の様子の動画を見せます。

育てるには餌が必要であることを説明します。

　教師　エサの量，少なくてすむと思いますか？

　児童　めっちゃ必要。

　教師　大量に必要です。1kg大きくしようとすると，その倍のエサが必要だと言われます。

　教師　大きないけすを30以上も用意して，これだけ多くの餌を用意するのは楽ですか？

　児童　すごい大変。

「大変なのにもかかわらず，なぜ坊勢の人はいけすで鯖を育てるのだろう？」

　大変なのにもかかわらず行うということはそれだけのメリットがきっとあると子どもたちは想像します。鯖のとれる時期と出荷時期と出荷量のグラフを提示し，蓄養することのよさは，出荷調整ができ，安定した収入を得ることだということを捉えさせます。

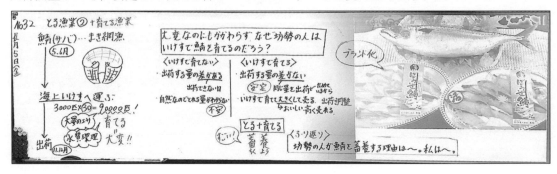

発問を生かした授業例
4年生　単元名「ごみのしょりと活用」

　ごみの分別について考える学習です。地域のゴミの分別の仕方について子どもたちは家で調べてきています。

　　教師　どんな風に分別されていましたか？
　　児童　燃やせるゴミ。
　　児童　燃えないごみ。
　　児童　カン類。
　　児童　ビン類。
　　児童　ペットボトル。
　　児童　紙類。
　　教師　全部で6種類ですね。
　　教師　隣のA市は紙類という分類がなく，5種類です。

　「A市では紙類という分類がなく5種類なのに，なぜ自分たちの市は6種類に分別しているのか？」

と発問します。

　　児童　紙類のリサイクルにこだわっているのかな。
　　児童　ゴミの分別が多いということはそれだけゴミが増えてきているからかな
　　児童　紙類の分類があるのとないのとでは違いが生じるのかな？

などの予想や新たな疑問が生じます。

　　また，
　　児童　分類項目はどこも同じだと思っていたけど違うんだ。
　　児童　他の自治体のゴミの分別はどうなっているのか調べてみたいな。

と，他との分別の違いやその理由を調べるきっかけにもなります。

　分別の背景には焼却設備と人口が関係しています。例えば，徳島県の上勝町では30種類以上の分別をしています。その理由を深く追究していく発展的な活動も考えられます。

〈参考文献〉

吉川幸男・山口社会科実践研究会（2002）『「差異の思考」で変わる社会科の授業』明治図書

どこからそう考えたのか

▶理由や根拠を引き出す発問

発問のポイント

❶問い返す意味を考える

盛山隆雄（2021）は，「問い返し発問」を次のように定義づけています。

> 子どもの呟き，発言，動作，記述などの様々な表現に対して，その意味や根拠，よさを問う発問である。
>
> 応用として，子どもの表現に対して，反論をしたり，別の案を出したりして，子どもの思考を揺さぶり，新たな見方や思考を引き出すために行われる発問である。

❷「問い返し発問」の分類を知る

また，氏は「問い返し発問」を以下の8つに分類しています。

(1)意味を問う（数学的表現を引き出す）「それはどういうことかな？」

(2)理由・根拠を問うⅠ（数学的な見方・考え方を引き出す）「どうしてそうなるのかな？」

(3)理由・根拠を問うⅡ（発想の源を引き出す）「○○さんはどうしてそう考えたと思う？」

(4)続きを問う（解釈を引き出す）「この続きをどう説明すると思う？」

(5)ヒントを問う（数学的な見方・考え方を引き出す）「みんなが気づくには，どこを見ればいいかな？」「何をもとに考えればいいのかな？」

(6)他の表現を問う（数学的表現を引き出す）「この式を図で表すとどうなるのかな？」

(7)思考や表現のよさを問う（数学的な態度を引き出す）「この図はどこがわかりやすいのかな？」

(8)否定的に返す（数学的な見方・考え方を引き出す）「それって偶然できたんじゃない？」「こちらの方がよくないかな？」

算数を例にしていますが，これらは社会科や他の教科でも汎用的に使える発問です。p30で紹介した共有化を促す発問とも言えます。

発問を生かした授業例

3年生　単元名「工場ではたらく人びとの仕事」

　子どもたちは地域の食料工場へ行き，様々なものを見学してきます。

　工場見学から帰ってきた後，子どもたちに気づきや感想を言わせます。

　児童　たくさん協力していました。

　児童　みんな白い服を着ていました。

　児童　働いている人は大変そうでした。

などの発言が続き，聞いている子もうなずいています。

　そこで例えば，

　「『大変』と言いましたが，どこからそう考えたのですか？」

と問い返します。

　児童　同じ場所で，同じ動きを何度も繰り返していたからです。

　児童　それって役割を分担しているからかえっていいのかもしれないよ。

などの言葉が続きます。

　この「大変」という言葉は非常に抽象的な言葉です。問い返すことで，それを裏付ける様々な事実を引き出すことができます。それは子どもによって違うので，授業の内容も豊かになります。

　「大変」というような抽象的な言葉は社会科授業の中で多く出てきます。例えば，「工夫」「努力」「意味」「特色」「働き」「想い」「願い」「暮らし」「盛ん」などです。

　抽象的な言葉であるからこそ，その言葉が出たときに問い返すことで具体的な事実とつなげて発言できるようにしたいものです。

　また，教師が問い返すだけでなく，「何が大変だったの？」「○○の特色ってどういうこと？」とお互いに問い返すことができる子どもたちに育てたいと考えます。そのためには，まず教師が子どもの発言に対して敏感になり，必要に応じて問い返せるようにします。

　「問い返し発問」を行う際のポイントは，「ねらいを明確にしておくこと」です。「○○という表現ができたら本時のねらいは達成」というレベルまで絞っておきます。その言葉を引き出すために問い返しを行うようにします。つまり，ねらいに迫ることができる子どもの表現に問い返し発問をすることが重要です。

〈参考文献〉

盛山隆雄（2021）『思考と表現を深める　算数の発問』東洋館出版社

つまりどういうことか

▶帰納的思考を促す発問

 発問のポイント

❶日常と科学の世界を往還する

　庄司和晃（1978）は，思考の様式を「のぼる」「おりる」と表現し，鈴木正気（1983）は，子どもを日常の世界から科学の世界へわたらせる過程を「わたり」と表現しています。

　そこでは様々な思考活動が行われます。具体化するための演繹的思考や抽象化するための帰納的思考です。このような演繹的思考や帰納的思考を往還することで，子どもたちの思考力は高まり，社会的事象をより正確に捉えられるようになります。

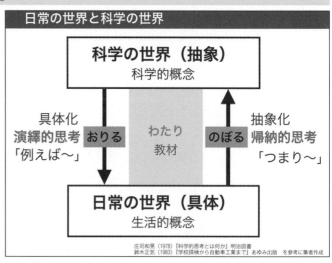

日常の世界と科学の世界

庄司和晃（1978）『科学的思考とは何か』明治図書
鈴木正気（1983）『学校探検から自動車工業まで』あゆみ出版　を参考に筆者作成

❷抽象化を促す

　子どもたちは，具体である日常の世界を生きているので，具体的な発言が多くなります。それらの具体を抽象化させて科学の世界へとのぼらせることが必要です。

　「つまり，どういうことが言えますか？」

　「つまり，すべてをまとめると何が言えますか？」

　「つまり，一言でどういうことですか？」

などが考えられます。

　「図解するとどうなりますか？」

と図解を促す発問も効果的です。関係を単純に表現できる図解は，抽象化に他ならないからです。

発問を生かした授業例
6年生　単元名「戦争と人々のくらし」

　太平洋戦争が始まってからその経緯を押さえた上で，

> 「戦争中の人々の生活はどのように変化したのでしょう？」

と発問し，戦争中の国民の生活について調べさせます。
　例えば，
　児童　日本が戦争をしているときは，子どもたちは疎開をしていました。
　児童　鉄の道具の代わりに代用品を使っていました。
　児童　教科書も戦争に関係する内容が多くなっていました。
　児童　運動会も戦争に関係することが多くなっていました。
　児童　子どもの学習雑誌の表紙も戦争の絵になっています。
などと答えます。
　一通り意見を聞き終わった後に，

> 「つまり，どういうことが言えますか？」

と発問します。
　児童　戦争の影響がだんだん大きくなって，国民の日常生活にまで及んできました。
　児童　身近なところまで戦争が迫ってきました。
などと答えます。多くの具体例を出した後に一言で抽象化して表現させるようにします。
　実は，子どもたちは授業の中でもこれらの言葉を意外とよく使っています。その瞬間を教師がしっかり価値づけることが大切です。
　「『つまり』でまとめたのですね。本質的な部分がストレートに伝わってきますね」などの言葉かけが考えられます。

戦争の影響が国民生活
にも広がった
↑
「つまり」
疎開　　代用品　　教科書

例えばどういうことか

▶演繹的思考を促す発問

発問のポイント

❶具体例を挙げて説明する

　68ページで説明したように，社会的事象を正確に捉えるためには日常と科学の世界を往還することが重要です。ここでは，抽象的な科学の世界から具体的な日常の世界へおりる演繹的思考について説明します。

　具体とは右図のように，個別で特殊なものです。一般的なことを説明するときに，個別で特殊な事例を使って説明することが多くなります。

　「○○が大切です。例えば～」

　「～しています。例えば～」

という風に，「例えば」の後に個別で特殊な具体例を挙げて説明します。本当にわかっている子は具体例をより多く出すことができます。

具体	抽象
・個別 ・特殊 ・五感で感じられる実体 ・箇々の属性 （形,色,大きさ 等）	・集合 ・一般 ・五感で感じられない概念 ・二者以上の関係性,構造

細谷功（2020）『「具体⇄抽象」トレーニング』PHP ビジネス新書 より

❷「例えば～？」と問う

　具体化を促すポイントは「例えば～？」という問いです。子どもが発言した内容の抽象度が高いときは，その子が本当にわかっているのかどうかわかりません。また，聞いている子にっても理解できないことがあります。そのときに，

　「○○というのは，例えばどういうこと？」

　「例えばいくつぐらい挙げられるの？」

などと問い返します。これらの問い返しや発問を繰り返すことで，子どもに具体化させる思考を働かせることがでます。

　これらの言葉はふだんの発言の中でも子どもたちはよく使っています。何気なく子どもが使ったときはしっかり価値づけるようにします。

発問を生かした授業例
3年生　単元名「店ではたらく人びとのしごと」

　学習を進める中で，

「スーパーマーケットの人々はお客さんがたくさん来るように工夫しています」

という発言をする子がいます。

　子どもたちは，「～な工夫をしています」「～の工夫があります」等の発言をよくします。「工夫」という言葉は社会科にとってマジックワードのようになっています。

　そのようなときに，

「例えば，どのような工夫がありますか？」

と発問します。

　　児童　商品の並べ方を工夫しています。私の近くのスーパーは，お肉の横にカレーのルーもおいてありました。

　　児童　新しくできたお店のレジはセルフレジになっていて，簡単に支払いできるようになっていました。

　　児童　資源回収ボックスを設置して，私のお母さんは「いいことだね」といっていました。

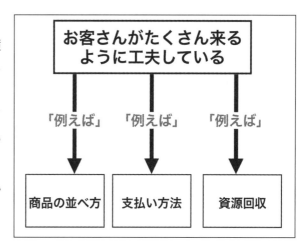

など，子どもたちは学習して集めた情報や，実際に自分自身が見聞きしたことや体験したことなど，様々な具体例を挙げて答えます。

　このように，具体例を挙げて説明するときは，個別で特殊な内容となることが多いです。そのため，よりその子らしさが見える発言内容や，記述内容にもなります。

～の立場で考えるとどうか

発問のポイント

❶「主語」を明確にする

　「多角的に考える」ということは，それぞれ複数の立場から考えるということです。「多角的」に考えさせるポイントは「主語」を明確にすることです。「生産者は…」「消費者は…」「情報を発信する側は…」「農民は…」「武士は…」等です。

　『小学校学習指導要領（平成29年告示）解説社会編』では，「多面的」よりも「多角的」という言葉が多く使われるようになりました。しかし，多角的に考えれば自ずと多面的に事象を見るようになります。

　大切なのは，多角的であろうが，多面的であろうが，社会的事象がもつ多様な側面を多様な角度やいろいろな立場から捉えさせることで，より質の高い概念的知識を獲得させることです。

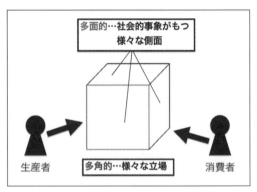

❷多角的に考えさせるべき場面を把握する

　『小学校学習指導要領（平成29年告示）解説社会科編』の中に，多角的に考えるべき場面は明記されています。

　右の表に整理しました。

　5年生，6年生になると，「我が国」や「歴史」など，学習する内容の規模が大きくなります。自分たちに協力できることを選択・判断させるというよりも，よりよい発展を考え構想させる方が現実的です。

学年	単元	多角的に考える内容
多角的に考えるべき場面		
5	我が国の農業や水産業における食料生産	消費者や生産者の立場などから多角的に考えて、これからの農業などの発展について自分の考えをまとめる
5	我が国の工業生産	消費者や生産者の立場などから多角的に考えて、これからの工業の発展について自分の考えをまとめる
5	我が国の産業と情報との関わり	産業と国民の立場から多角的に考えて、情報化の進展に伴う産業の発展や国民生活の向上について、自分の考えをまとめる（情報化社会のよさや課題も）
6	我が国の政治の働き	国民としての政治への関わり方について多角的に考えて、自分の考えをまとめる

発問を生かした授業例
3年生　単元名「店ではたらく人びとのしごと」

　まず，資料や買い物調べ等の資料を通じて，多くの方がスーパーマーケットを利用しているという事実を捉えます。

　お客さんがたくさん来る理由を考えさせると，お客さんのために商品の工夫や売り方の工夫をしていることがわかります。

　その中で，魚の売り方について焦点を当てます。スーパーマーケットでは，魚が様々な形で加工されて売られています。

　そこで，

> 「同じ魚を違う形で加工して売られる理由を，お店側とお客さん側から考えるとどのようにいえるでしょう？」

と発問します。

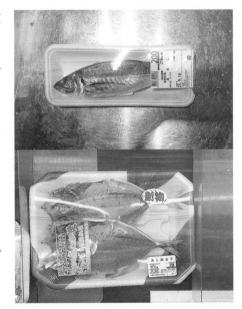

　　児童　お店の人は，売れ残りがないように色んな食
　　　　　べ方をしてもらえるようにしていると思う。
　　児童　たくさんのお客さんに買ってもらって売り上
　　　　　げを上げたい。
　　児童　お客さんのニーズに合わせている。
　　児童　お客さんは，料理に合わせて選ぶことができ
　　　　　る。
　　児童　選んで買うことができてうれしい。
　　児童　加工する手間が省けて嬉しい。
などの意見が出されます。

　スーパーで働く人の工夫について気づかせ，お互いが win-win の関係で成り立っていることがわかります。

　このように，お店の立場で考えたり，お客さんの立場で考えたりすることで，販売の工夫の様々な側面が見えてきます。

　「同じ魚なのになぜ様々な加工がされて売られているのだろう？」と発問し，出てきた意見を立場で分けながら板書していくという方法も考えられます。

〜に賛成か　反対か

▶自分の立場を決めて判断させる発問

💬 発問のポイント

❶判断する立場を理解する

　賛成か反対かを考えさせるとき，

・その人の立場での賛成，反対なのか

・自分の立場としての賛成，反対なのか

で大きく捉え方が変わってきます。

　発問の仕方も考えなければいけません。

　Ａ「●●さんは賛成していると思いますか？　反対していると思いますか？」

　Ｂ「あなたは〜に賛成ですか？　反対ですか？」

などになります。

❷自分の立場を明確にする

　賛成か反対かを問うときには，客観性のない感情論にならないように気をつけます。そのためには，まずは事実を捉え，どちらの立場にも共感できる資料等を用意することが必要です。そして，上記Ａのようにそれぞれの立場の人に共感させる発問を

| 保存すべき
サイトでもあったように、実物からじゃないと学べないことがあると思います。そして、たとえ人が来なくても、その想いは受け継がれると思います。そして、教訓にもなり、次の災害にも備えられると思います。 | できれば保存して欲しい。
理由は震災遺構を残しておくことで、この場所で津波が来たから別の場所に建物を建てたりなど震災への準備などができるから保存すべきだと思う。なぜ"できれば"にしたかというと震災遺構を残すための維持費がかかるし、子供たちが面白がって震災遺構に入り遊んだりしてしまうと震災遺構はもろくて危ないからできればにしました。 | 僕は、できれば保存した方がいいと思います。
何故なら、保存することによって、津波の恐ろしさをわかってもらえるし、東日本大震災より、次地震が来たとき、亡くなる人が少なくなるかもしれないから。 |
| できれば解体すべき
費用もかかるし震災にあった人が見たら辛かったことを思い出してしまうかもしれないから。 | 解体した方がいい
忘れないように残しておくと言う意見に反対な理由は避難訓練の後にある先生の話などで聞くから
保存していたら…もしかしたら亡くなった人が埋もれているかもしれない地面を遊びなどで使ってしまうとごくなった人の周りの人が悲しむから建物を見て大事な人を失ったことを思い出しての人の後をついて自殺してしまうかもしれないから　また同じような地震があった時耐震性がなっていないからまたその学校が潰れて下でごくなってしまうことがあるから | できれば解体
なぜなら被災した人にとって東日本大震災は一種のトラウマとなっているので、遺構があればその地方から逃げ出したりする人が出てくる可能性もあるからです。それが起こると地域経済が悪くなるからです。 |

した後にＢの発問をすることで，より客観的に判断することができます。

　また，どちらか片方に偏りそうであれば，さらにゆさぶる資料や発問を用意しておくことも必要でしょう。あくまでもディベートのような勝ち負けを決めるのではなく，お互いの意見を聴き合うことで社会的事象に対する認識を深めることが目的です。

発問を生かした授業例
4年生　単元名「県内の特色ある地域のくらし」

　4年生「県内の特色ある地域のくらし」の学習で，伝統的な文化を保護・活用している事例地として兵庫県豊岡市城崎に焦点をあてました。

　まず，城崎伝統の木造三階建ての町並み（※写真左）を守ろうとする「城崎温泉町並みの会」の活動内容を捉えさせます。次に，伝統的な町並みの城崎に，モダンなデザインの新しい商業施設（以下，木屋町小路※写真右）が設置されることになったことを資料で伝えます。

子どもたちの多くは，「え～，このデザインは城崎に合わないよ…」とつぶやきます。「城崎温泉町並みの会」が反対した理由は容易に考えられます。同時に木屋町小路に関する資料を配付し，木屋町小路を建設しようとした理由を子どもたちに読み取らせます。その後，「城崎温泉町並みの会」の人々が反対している理由，木屋町小路を建てようとしている側の理由を挙げさせます。どちらの立場の主張も確認し，それぞれのメリット・デメリットも把握させるためです。それを踏まえた上で，

　「あなたは木屋町小路設立に賛成ですか？　反対ですか？」

と発問します。

　児童　ずっと守ってきた城崎の木造の町並みをやっぱり守りたい。

　児童　城崎は木造の雰囲気がいいのに，木屋町小路はコンクリートだから適していないよ。

　児童　木屋町小路は未来っぽさがあってお客さんも来てくれると思う。

　児童　いろんな店が集まっているので，寄ってもらえるようないいものになると思う。

など，事実に基づいた意見が多く出されます。

　話し合いを通して，結局はどちらも地域の活性化や城崎の未来のことを考えているという点を確認させます。多面的・多角的に社会的事象を捉え，より認識を深めることが重要です。

〈参考文献〉

宗實直樹（2021）『宗實直樹の社会科授業デザイン』東洋館出版社

～するべきか

▶自分の立場を決めて意思決定させる発問

💬 発問のポイント

❶正確に社会的事象を捉える

　～するべきかどうかを判断するには，まずその状況や意図などを客観的に捉えなければいけません。そのために事実を一つひとつ丁寧に捉えさせ，その上で自分の立場を決めさせることが重要です。

❷立場を明示的に示す

　ネームプレートを黒板に貼るなどして，自分の立場を明示的に示すことが重要です。例えば端末の学習支援アプリを活用すれば，色を変えることで自分や友達の立場も一目でわかります。

　※太枠で囲んだところは実際は青色。反対を示しています。

　「絶対～するべき」「できれば～するべき」「できれば～するべきでない」「絶対～するべきでない」の4段階で意思決定させる方法もあります。

発問を生かした授業例
5年生　単元名「自然災害から人々を守る」

震災遺構について説明します。

教師　震災遺構とは，震災が原因で倒壊した建物などであるが，次世代に向けて震災が起き
　　　たという記憶や教訓のために，取り壊さないで保存しておくというものです。

震災遺構について調べさせます。

朝日新聞デジタルの「いま伝えたい　千人の声」のアンケート
によると，被災された方の震災遺構についての考えは右図のよう
になっています。そのアンケートの中の自由回答欄への記述の一
部を子どもたちに紹介します。

震災遺構は保存すべき？

男性（58）　できれば解体すべきだ

震災の記憶が風化している中で震災遺構を訪れる人も少なくな
ってきている。今後の維持費などをどうするつもりか心配です。

男性（79）　できれば解体すべきだ

次々と災害が各地で発生している状況で，遺構が災害を防ぐことにつながるか疑問である。
現物で遺構を残す時代ではないと思う。管理のための費用をかけない工夫をすべきである。

男性（35）　解体すべきだ

見慣れてしまえば啓発材料にならないことは過去の遺構が証明していると思う。石碑との違
いはあるが。

女性（79）　保存すべきだ

和歌山県の高校生たちを解体寸前の旧役場庁舎に案内し，説明した。生徒たちは「こんな高
いところまで津波が来たのですか」などと様々な質問をし，だんだん大粒の涙を流した。実態
を目の前で体験することの力を感じた。

それぞれの意見について共感できる部分を出し合います。その上で，

「あなたは，震災遺構は残すべきだと考えますか？　解体するべきだと考えますか？」

と発問します。

左頁のようにそれぞれの立場を決め，考えを書かせて共有します。子どもたちは自分の立場
を決めているので他の子の意見が気になります。気になる意見があれば質問をするなどして話
し合いを深めていく方法も考えられます。

○○はなくてもいいのではないか

▶よさや価値を引き出す発問

発問のポイント

❶不安定な状態にする

吉本均（1976）は，否定による指さし（否定発問）として，以下のように述べています。

> まったくの反対物・対立物を提示することによって，それの否定を通してAがAであることの必然性をたしかに確認させようとするものである。つまり，反対物を媒介とし，否定をとおしての本質把握だといってよい。

「ゆさぶり発問」は，子どもの思考に不安定な状態をつくり出します。その不安定な状態を安定させようとするところで思考が活性化されます。「ゆさぶり発問」は，教師があえて否定的な解釈を投げかけることで，子どもたちの適切な解釈を引き出すことができます。

❷あるものがない状態を考えさせる

そのもののよさや価値を考えさせるとき，「なぜ，○○をしているのだろう？」「なぜ，○○があるのだろう？」という発問が多くなります。それでも構いませんが，ゆさぶることで，そのものが「ある状態」と「ない状態」を比較して考えるので，子どもたちは考えやすくなります。

例えば，

「消防署があるのだから，消防団なんてなくてもいいのではないか？」

と発問すれば，子どもたちは消防団がある場合と，消防団がない場合を自然と比較して考えるようになります。より具体的にイメージして考え，そのもののよさや価値について気づくようになります。

発問を生かした授業例
5年生　単元名「寒い土地のくらし」

　雪国に住む人々は，雪と戦い，雪を克服してきました。しかし，その一方で，雪を何かに利用して利雪をしてきました。じゃまものだと思われている雪ですが，見方を変えるとマイナスからプラスに変化し，工夫をすることで雪も資源となり得ることを学習します。

　その1つの事例として，雪下キャベツを紹介します。雪の下にキャベツを置くことで糖度が増して甘くなります。子どもたちはこの意外性に驚きます。

　児童　雪国の人は雪を克服するだけでなく，雪を利用しているんだね。

　教師　利雪と言います。この利雪をしているのは雪下キャベツだけだと思いますか？

　児童　他にもあると思います。

　資料を与えたり，調べさせたりします。

　児童　雪がいっぱいあるからスキーやソリ滑りなどができます。

　児童　千歳空港は雪を利用してクーラーの代わりにしています。

　児童　米づくりに雪の水を使っています。

　児童　とった鮭を雪で熟成させています。

　住宅や倉庫における利雪，農業における利雪，水産業における利雪などが考えられます。

　そこで，

　　「こんな『利雪』，なくてもいいんじゃないですか？」

と発問してゆさぶります。

　「いや，絶対にあったほうがいいよ。だって……」と，子どもたちは利雪の「よさ」について語り出します。

　児童　雪下キャベツや雪下にんじんは，自然に保存できるだけでなく，雪のおかげでおいしくなるから一石二鳥です。

　児童　スキーや雪祭りやかまくらは，人に楽しさや喜びを与えるね。

　児童　雪祭は人をたくさん呼ぶからアピールにもなります。

　児童　雪室を利用すればクーラーを使わないからお金もあまり使わず，環境にもいいです。

〈参考文献〉

吉本均（1976）『発問と集団思考の論理』明治図書

高橋達哉（2020）『「一瞬」で読みが深まる「もしも発問」の国語授業』東洋館出版社

河原和之編（2017）『主体的・対話的で深い学びを実現する！　100万人が受けたい社会科アクティブ授業モデル』明治図書

もし～ならどうか

▶仮定的に思考させる発問

 発問のポイント

❶ If-then 発問の意義

　岡崎誠司著の『社会科の発問 if-then でどう変わるか』(1995) という書籍があります。if-then の発問に特化した非常に貴重な書籍です。その中で岡崎氏は，社会科授業実践を通して if-then 発問の意義を確認しています。

> (1) if-then 発問は子どものもっている情報（経験・知識・考え）を引き出す。
>
> (2) if-then 発問は仮説設定において有効な働きをする。
>
> (3) if-then 発問は子ども自身の価値判断を迫り意思決定を促す。

　また，氏は if-then 発問によって引き出された考えは独創的なものとなり，独創的に社会へ働きかける力をもつようになると述べています。

❷ If-then 発問の３類型

岡崎氏は if-then 発問の類型を以下の３つに分けています。

〈発問A〉もしたくさんあるとしたら，何区にあると思う？

→全員を「ある」という立場に立たせて情報の引き出しを行うことができる。

〈発問B〉もし耕地面積の狭い広島市中心部（中・東・南・西区）で専業農家成り立つとしたら，どんなものを作っているんだろうか？

→条件設定をすることで，新たな仮説を設定することができる。

〈発問C〉もしもきみたちが農家だったら，何を作るかな？

→その他の立場に立たせることで，子ども個人の判断を促し，「一人一人の仮説」を求めることができる。

発問を生かした授業例
5年生　単元名「工業生産のさかんな地域」

　5年生の「工業生産のさかんな地域」
の学習です。

　みなさんは「シムシティ（Sim City）」
というゲームをご存じでしょうか。市長
になって架空の街をつくっていくシミュ
レーションゲームです（筆者が小学生の
ときに流行っていました）。まずはその
CM 動画をみて興味をもたせます。
（YouTube「Japanese TV Commercials
[1704] Sim City シムシティ」で検索）。

　その後，右図を渡して，

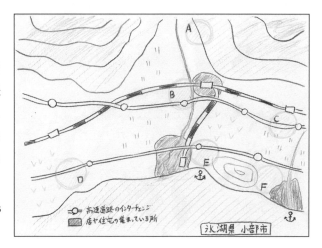

> 「もしあなたが自動車会社の社長ならこの地図のどこに自動車工場を建てますか？」

と発問します。岡﨑氏が提唱する If-
then 発問の〈発問C〉タイプです。A
〜Fから選ばせ，理由を書かせます。既
有知識から自分なりの根拠をもって自由
に決定させることを大切にします。

　理由が書けたら3，4人のグループで
話し合わせ，それぞれの考えや見方を共
有します。輸送面を考慮したり，環境面
を考慮したりする意見が様々に出されま
す。それぞれの子どもらしさが表現され
ます。

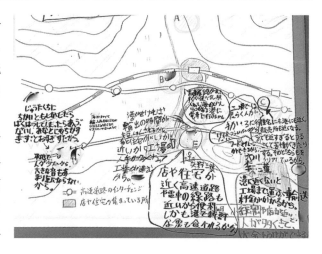

　次時には，それぞれの仮説をもって，実際の日本の工業地域はどこに多いのかを調べていき
ます。子どもたちそれぞれの仮説があるので，関心を高めて学習に臨むことができます。

〈参考文献〉

佐々木潤（2016）『社会科授業がどんどん楽しくなる仕掛け術　どの子も社会科好きになる授業ネタ＆アイデア』明治
図書

発問を生かした授業例
4年生　単元名「ごみのしょりと活用」

家の近くのごみステーションのボードを調べてきた後の展開です。

教師　ごみステーションのボードには，カレンダーの他に何が書いてありましたか？

児童　ゴミを出す日。

児童　ゴミを出すときの注意。

児童　どんなゴミを出せるのか説明。

教師　○○市はどのように分別されていますか？

児童　燃やせるゴミ。

児童　プラスチックごみ。

児童　かん。

児童　びん。

児童　紙。

児童　布。

児童　ペットボトル。

児童　小型不燃ごみ。

児童　粗大ごみ。

教師　これらのごみはいつ出してもいいのですか？

児童　出す曜日と時間が決められています。

児童　きまりが多いよね。

そこで，

「もしこのようなきまりがなかったらどうなると思いますか？」

と発問します。

児童　決まりがなかったらごみを集めてくれる仕事をしている人が大変だ。

児童　ごみがごみステーションにずっと残って衛生的にもよくないよ。

児童　しっかりきまりを守ってゴミを出すようにしたいね。

現実にはある「きまり」をないものと仮定することで起こる問題を予想するだけでなく，現実にあるものの重要性をより理解できるようになります。

〈参考文献〉

佐藤正寿（2010）『これだけははずせない！小学校社会科単元別「キー発問」アイディア』明治図書

発問を生かした授業例
6年生　単元名「武士による政治のはじまり」

教師　2回も元軍が攻めてきましたが，どうなりましたか？

児童　2回とも日本が勝ちました。

教師　なぜ2回も勝てたと思いますか？

児童　2回とも暴風雨がきて元軍を退けました。

教師　それだけでないのですね。この「元軍の兵力」を見てください。

	文永の役（1274年）	弘安の役（1281年）	
		東路軍 （元・漢・高麗の混成軍）	江南軍 （南宋人の部隊）
船の数	900せき ※高麗がつくる	900せき ※高麗がつくる	3500せき ※南宋がつくる
兵力	総大将（元人） 副将（漢人） 副将（高麗人）	総大将（元人） 副将（高麗人）	副将（漢人） 副将（南宋人）
	4万人 （元人・漢人20000人） （高麗人，その他20000人）	4万人 （元・漢・女真人15000人） （高麗人25000人）	10万人 （南宋人100000人）

児童　元軍は色んな民族が混じっている。

児童　大将が元人で副将とかは元人じゃない。

児童　弘安の役で新しい人も加えられている。

児童　すべて元に征服された国の人たちなんだ。

児童　寄せ集めなのでまとまらず，戦う気持ちが弱かったのだね。

教師　そうです。逆に日本はどうだったかというと？

児童　自分の国を守ろうと本気で戦ったんだ。

「もし3度目元軍が攻めてきていたらどうなっていると思いますか？」

と発問します。

児童　さすがに3度目は元軍も立て直してくるから日本は危ないと思う。

児童　2度も退けたことに自信がついて，日本の結束力も強くなっていると思うから大丈夫。

児童　実際，御家人たちは褒美をもらえず幕府への不満を高めているから，さらに3度目も
　　　戦っていたらよけいに不満も大きくなっていると思う。

　実際になかった「3度目の元軍の攻撃」をあるものと仮定することで，その先の展開を発展
的に考えさせることができます。

〈参考文献〉

高橋達哉（2020）『「一瞬」で読みが深まる「もしも発問」の国語授業』東洋館出版社

本当に～と言えるのか

▶深く考え追究意欲をもたせる発問

発問のポイント

❶ 「既知→未知」を大切にする

　本時の学習をまとめて問題を解決し，安定した状態で授業を終えることは重要です。それに加え，有田和正（1989）は，「未知→既知→未知」という状態で終わる授業が望ましいと提案しています。未知で授業を終えると，子どもの追究意欲を引き出せるからです。「既知→未知」にするために必要な発問が，「ゆさぶり発問」です。「この取り組みだけで本当に持続可能といえるのですね？」などが考えられます。わかったと思っていたことが実は本質的に何もわかっていないことを自覚させます。そこから新しい疑問が生じ，また新たに子どもの追究活動がはじまります。

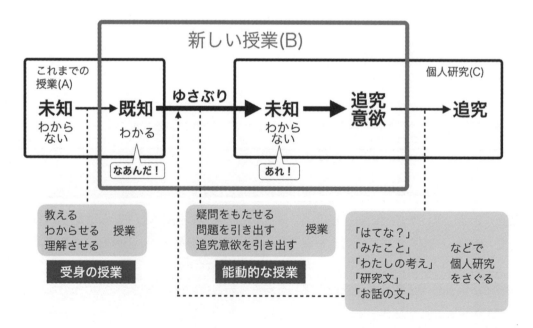

〈参考文献〉

有田和正（1989）『有田和正著作集 7 巻』明治図書

発問を生かした授業例
6年生　単元名「近代国家をめざして」

日清日露戦場地図を提示します。

教師　日清日露戦争の主な戦場の地図を見て
　　　どんなことがわかりますか？

児童　どちらも朝鮮半島や中国の北東部が主
　　　な戦場になっています。

教師　なぜ戦場が朝鮮半島や中国の北東部に
　　　集中していると思いますか？

児童　日本も清もロシアも朝鮮半島を支配し
　　　たかったのかな。

教師　さて，2つの戦争の勝敗は？

児童　どちらも日本が勝った。

教師　それぞれの戦争で勝って何を得ること
　　　ができましたか？

児童　日清戦争では台湾と賠償金。日露戦争
　　　では樺太の南半分と満州鉄道。

教師　日本は2つの戦争を通して領土を拡大
　　　しました。

出典：日本文教出版『小学社会6年』（令和2年度版）

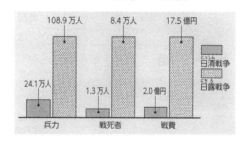

出典：日本文教出版『小学社会6年』（令和2年度版）

日清日露戦争比較グラフを提示します。戦費や戦死者の多さに着目させ，日露戦争では賠償
金がもらえなかった事実も確認し，次のように発問します。

「これで本当に勝ったと言えるのでしょうか？」

児童　国民は納得いかないと思う。

児童　国際的地位が向上したかもしれないけど，亡くなった人が多すぎる……。

児童　これだけ犠牲の多い日露戦争はどんな戦争だったのだろう？

日本が2つの戦争を経て領土を拡大し，国際的な影響力を強めていったことを捉えます。し
かし，その反面，大きな犠牲を払ったという負の面も捉えさせるようにします。そして，自分
は2つの戦争について一面的にしか知っていなかったということを自覚させ，追究意欲をもた
せることができます。

発問を生かした授業例
6年生　単元名「大昔のくらしとくにの統一」

子どもたちは大陸や朝鮮半島から米づくりが伝わってきたことを学びます。

「米づくりは人々を幸せにしたのか？」

と発問し，子どもたちに自分の考えに近い％
（０％～100％）に名前プレートを貼らせます。

その後，調べる時間をとります。教科書や資料
集を中心に調べます。調べたことをもとに話し合
わせます。

児童　縄文時代の狩りと違って，米は保存がで
　　　きるからいつでも食べられるよ。

児童　この頃の米づくりが日本の文化になっているよね。

児童　でも，土地や水，たくわえた米をめぐって争いが起きるようになったよ。

児童　支配したりされたり，上下関係ができてきたよね。

児童　安定して食べられるようになったけど，争いの原因にもなっているよね……。

ある程度話し合わせた後に再度，

「米づくりは，本当に人々を幸せにしたのか？」

と発問します。

たくさんの子が名前プレートを動かします。動かした理由をききます。

最初の発問のときの直感レベルの自分の考えと，調べたことや話し合いを通じて出た自分の
考えの変化を捉え，深まりを感じることができます。

　米づくりが始まったことによって、メリット
とデメリットが生まれました。縄文時代などで
の食糧は、狩りなどをしてとっていました。し
かし狩りは、とれない日があるという問題があ
りました。それに対して米は、植物なので、と
れない日が生じにくいです。なので、食料に困
ることが減りました。
　しかし米づくりには、水や土地が欠かせませ
ん。例えば、隣接しているむらの場合、間を挟
む川が一つしかないので、取り合いになってし
まいます。米は争いの原因にもなったのです。
だから私は30％ぐらいです。

発問を生かした授業例
6年生　単元名「わたしたちのくらしと日本国憲法」

地域にある非核平和の碑を提示します。

教師　「核」とは何かわかりますか？

児童　核爆弾のことだ。広島と長崎に落とされたね。

教師　なぜわたしたちのまちが非核平和都市宣言をしていると思いますか？

児童　広島や長崎から遠いのに。

児童　落とされた場所だけの問題ではないということかな。

児童　他のまちはどうだろう？

兵庫県や全国の非核宣言自治体を提示します。

児童　ほとんどがしているんだ。

教師　なぜ非核平和都市宣言は全国に広がっていると思いますか？

児童　日本国憲法が関係していると思う。

日本国憲法第9条を提示し，日本は平和主義の原則をかかげていることを理解させます。
その後，

「平和主義を掲げている日本は本当に平和なのか？」

と発問します。

児童　戦争がないという意味では平和だと思う。

児童　治安がいいから平和だと言える。

児童　過去と比べれば平和だと思う。

児童　でも，戦争以外の部分で見なければいけないところもあるよ。

児童　「平和主義」をつくるぐらいなのだから，それは平和ではないということの表れではないのかな？

児童　環境問題や頻繁に起こる災害のことを考えると決して平和とは言えないな。

これらの話し合いを通じて子どもたちは，

「本当の平和とは何か？」

という，簡単に答えが出ないような問いにたどり着くことができます。自分なりの追究をすすめ，平和の概念を深める姿が期待できます。

どんなことを思いながら～しているか

💬 発問のポイント

❶想いや願いを引き出す

社会の中で働く人々は，様々な想いや願いをもって働いています。そのような言葉はあまり口に出されることはありません。だからこそ，その人が心の中で考えていることを想像させる発問をすることで，人の想いや願い，本音などを引き出すことができます。人の情意面にふれ，自分事として考えさせることで，子どもたちはより身近に社会的事象を捉えられるようになります。

右のように，言葉が書けるようなワークシートを同時に配布することで子どもたちも考えやすくなるでしょう。

❷気持ちを表す表現を絞る

例えば，4年生の「ごみのしょりと活用」の学習では，資源ごみは夜間に集められリサイクルプラザに運び込まれることを学習します。

処理の様子を画像や動画で見せます。

児童　集めたびんやカンなどの資源ゴミをクレーンでコンベアに移しているね。

児童　ごみ袋やびん・カン以外のごみを，手で取り除いています。

児童　ごみ袋や混ざっていた燃えるごみは，クリーンセンターで燃やすんだ。

教師　リサイクルプラザで働いている方は，どんなことに困っておられると思いますか？

児童　燃えるゴミとカンビンをちゃんと分けてほしい。

児童　分けていなかったら作業が大変だな……。

という風に，困っていることいることや喜んでいることなど，気持ちを表す表現を絞って発問してもいいでしょう。

発問を生かした授業例
4年生　単元名「県内の特色ある地域のくらし」

　4年生「県内の特色ある地域のくらし」の伝統的な技術を生かした地場産業が盛んな地域として，兵庫県篠山市を事例としています。長い歴史のある丹波焼の生産が盛んな地域です。

　このような生産には工程があります。ただ手順を調べるだけでなく，それぞれの工程において生産者がどのようなことを考えながら製作しているのかを考えさせます。

　児童　土練り，ろくろ，乾燥，素焼き，釉薬，本焼き…いっぱいの作業があるんだね。

　児童　完成までにどれぐらい時間がかかるんだろう？

> 大上巧さんは，どのようなことを思いながら作業していると思いますか？

以下のようなワークシートとセットで考えさせます。

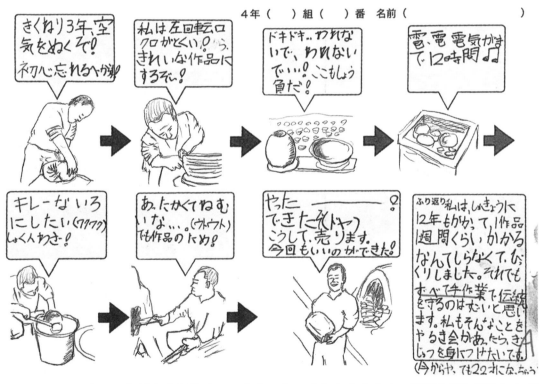

　それぞれの工程での気持ちを想像することができ，それらをまとめて学習を振り返ることができます。

○○さんが言おうとしている続きが言えるか

▶共有化を促す発問

💬 発問のポイント

❶共有化の方法を知る

　p30で示したように，共有化とは，一人の考えのよさを全員に広げ，全員でよりよい考えをつくり出していくことです。共有化の方法は，多数考えられます。「再生させる方法」「継続させる方法」「暗示させる方法」「解釈させる方法」などです。詳しくは右図のようになります。これらは，どの教科でも使える汎用的に使える共有化の方法です。

	どのように
再生	「○○さんが言ったことをもう一度言える人？」 「○○さんがとっても大切なことを言ってくれました。○○さんの発言の大切な部分を隣の人と伝え合いなさい」
継続	「今、○○さんが『〜だけど』と言いましたが、○○さんがその続きにどんなことを言おうとしているか予想できる人？」
暗示	「○○さんがよいことに気づいています。今から○○さんにヒントを出してもらいます」
解釈	「今、○○さんが〜と言った意味がわかりますか？」

❷概念等に関わる知識を共有化させる

　このような共有化は，授業中のどの場面でも行われることが望ましいです。しかし，時間がかかるという難点があります。だからこそ，「何を」「どこで」共有化させるべきか焦点を絞る必要があります。

　社会科では，子どもがもつ概念等に関わる知識を共有化させます。共有化させるべき場面は，全員の参加レベル，理解レベルを上げたい場面です。授業の「山場」とも言えます。社会科授業における「山場」とは，資料や生活経験をもとに「なぜ〜？」と理由を考える場面や，「どうするべきか？」と価値判断する場面です。つまり，見えないことを問い，「概念等に関わる知識」を獲得する場面です。このような場面では，問いと答えの距離が長くなるので子どもたちは答えにくくなります。だからこそ，共有化を促す発問を行い，一人の考えのよさを少しずつ広げていく必要があります。

発問を生かした授業例
5年生　単元名「高い土地のくらし」

　群馬県の嬬恋村を事例に扱います。

　右図のように，ブラインドをかけた資料を提示します。どの季節もキャベツの生産が行われていることを確認した後，ブラインドを外します。群馬県産のキャベツが多く出荷される季節がわかります。群馬県産のキャベツの夏秋出荷が多い理由を，地理的な視点（自然条件）から他の地域と比較することで，「群馬県産のキャベツは高い土地の涼しい気候を利用して夏に栽培している」と発言する子どもが出てきます。

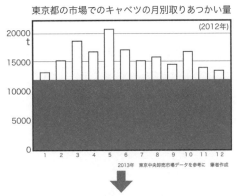

東京都の市場でのキャベツの月別取りあつかい量

2013年　東京中央卸売市場データを参考に　筆者作成

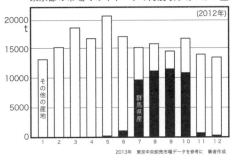

東京都の市場でのキャベツの月別取りあつかい量

2013年　東京中央卸売市場データを参考に　筆者作成

> 「○○さんが発言したことと同じことをもう一度言えますか？」

と発問し，再生させます。一人が得た概念等に関わる知識を全員に広げます。

　さらに，夏に生産することの「よさ」を考えさせます。需要と価格について関係的な視点（経済）から捉えることで，「群馬県は夏の涼しい気候を利用してキャベツ生産を行い，他県の出荷が少ない夏に多く出荷できる。そうすることで，高い値段で販売することができ，利益が上がる」という概念等に関わる知識を獲得する子どもが出てきます。ある子どもが「あ，わかった。他県の出荷が少ない夏に出荷することで…」と発言します。その子の発言を途中で止め，

> 「Aさんが，この後どんなことを言うか想像できますか？」

と発問し，Aさんの発言を手がかりに全員で考え継続させます。「高い値段で販売し，利益を得ることができる」とAさん以外の子が答えます。

　このように社会的な見方・考え方を働かせて獲得した概念等に関わる知識を少しずつ全員に広げていくことが重要です。

〈参考文献〉

村田辰明編著（2021）『テキストブック 授業のユニバーサルデザイン 社会』日本授業UD学会

発問を生かした授業例
5年生　単元名「きゅうりづくりのさかんな宮崎県」

　宮崎県のきゅうりの出荷が冬に多いことをグラフで確認した後，宮崎県の綾町と他県のきゅうりの収穫の様子を比較提示します。

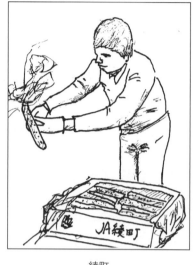
綾町

他県

　教師　同じきゅうりを収穫しています。綾町（宮崎県）と他県の写真2つを比較して違うところがあります。どこだと思いますか？

　児童　そのまま出荷できる。

　このように，勘のいい子がいきなり結果（答え）を発言することがあります。しかし，その意味がわかっているのは発言した子と一部の子だけです。

　教師　どういうこと？

と問い返し，他の子に発言させます。

　児童　綾町の方は，段ボールに袋が敷いてあってそのまま出せるけど，右側はただの箱だからこれからいろいろとつめたり，検査したりして，何度もきゅうりをさわることになります。

「二人が発言した意味がわかりますか？」

と問い返し，ペアで話す活動を入れて解釈させます。

　児童　他県綾町はそのまま出荷の箱に入れている。

　児童　収穫するときの一回しかさわらない。

　児童　だから新鮮なまま出荷できるんだね。

　新鮮さを保つための綾町の工夫（ワンタッチ方式）を理解することができます。

　一人の考えのよさを全員に広げたり理解させたりするために，授業を流すのではなく，「止める」ことが重要です。また，学級全体だけを見るのではなく，ある「一人の子」の反応を見続けることで，どれくらい共有化を行う必要があるかを見極めることができます。

発問を生かした授業例
5年生　単元名「水産業のさかんな地域」

教師　AとB，どんな魚をとっていると思いますか？

児童　Aはカツオの一本釣りです。

児童　Bは網が大きいからいろんな魚がとれると思います。

児童　まとめてイワシかな。

教師　Aは予想通りカツオです。Bは……これも実はカツオなのです。

A

児童　え！　同じ魚なのに違う方法でとっているんだ。

教師　なぜカツオは2つのとり方をすると思いますか？

　ここで既有知識の豊富な子どもや勘の鋭い子に答えを言わせると，わかっている子だけで授業が進んでしまいます。まず，グー，チョキ，パーで子どもたちに意思表示をさせます。正解の自信がある子にはグーを挙げさせます。少し自信がある子はチョキ。まったく自信がない子にはパーを挙げさせます。現時点での理解度の可視化であり，「全員参加」の手だてです。

B

　このとき，グーを挙げた子に理由をこっそりときき，その子が正解していたら，

「ヒントを出せますか？」

と問いかけ促します。全員に向けてヒントを言い，暗示させます。例えば「それぞれの方法でとったカツオの状態は……？」「とったカツオをどうする……？」というような感じです。

児童　そうか！　一本釣り漁は一匹ずつとっているのでカツオに傷がつきにくいね。

児童　一本釣り漁のほうが一匹ずつすばやく冷凍できるから，より新鮮だ。高く売れるね。

児童　一本釣り漁は新鮮だから，お刺身やカツオのタタキなどに使われる。

児童　Bの巻き網漁は大量にとって，カツオ節や缶詰にするのかな。そうか，魚の状態によって加工の仕方が違うのだね。

児童　結局，刺身にしたり，カツオ節にしたり，それぞれの目的に合わせてとり方を変えているということなんだ。

　最初の問いに戻り，カツオ漁を2つの方法でとる理由について確認させます。。

〈参考文献〉

宗實直樹（2021）『社会科の「つまずき」指導術』明治図書

今当てられたら困る人はいるか

▶共有化を促す発問

💬 発問のポイント

❶「安心感」をもたせる

共有化を行うベースとなるものは、「安心感」です。「何を言っても受け止めてもらえる」「間違えても価値づけてもらえる」「わからなくても助け合える」このようなことを子どもたちが感じているかどうかが重要となります。そのために、誰でも自由に話せる雰囲気をつくることが大切です。

```
―― 安心感 ――
何を言っても受け止めてもらえる
わからなくても助け合える
間違えても価値づけてもらえる
```

▶**授業の中で予想する場面を増やしていく**
「発言する」というハードルを下げる

▶**「わからない」と言える場をつくる**
「わからない」を賞賛する

❷「わからない」を出しやすくする

誰でも話せる雰囲気をつくる一つの方法として、事実や考えを問うよりも、予想する場面を増やし、「発言する」というハードルを下げることが考えられます。まずは、発言することに対する抵抗感を減らしていきます。そして、その中で出てくる「わからない」という声を賞賛し、「わからない」という声があるからこそ学習内容が深まったり発展したりするということを価値づけます。日頃の授業に対する意識とその積み重ねが、子どもたちの「安心感」を醸成させていきます。

右図に書いてある発問は、それぞれ形は違いますが、すべて「わからない人？」と問うているのと同じです。問い方を少し変えるだけで、子どもたちが「わからない」を出すことに対する抵抗感は大きく変わります。

「わからない」を出させるために

```
「今、当てられたら困る人？」
「正直、スッキリしていない人？」
「頭の中に『？』がある人？」
「ヒントがほしい人？」
```

発問を生かした授業例
5年生　単元名「森林とわたしたちのくらし」

　「森林とわたしたちのくらし」の事例です。「間伐について話し合うことを通して，間伐をすることで木に日光が当たり，木が健全に育つようになるということを理解できるようにする」ことが本時のねらいです。

　子どもたちは，「森林を大切にする」という意識はもっています。「木は切らずに育てていくことが大切だ」という認識です。実際は，ある程度の木を切る（間伐する）ことが森林環境の向上につながります。

A

間伐をしている森林

B

間伐をしていない森林

（農林水産省提供画像をもとに作成）

　木を切らない方がいいと思っていた子どもたちは驚き，そこに「なぜ木を切る（間伐する）方が森林環境によいのだろう？」という問いが生じます。

　「なぜ木を切る（間伐する）方が森林環境によいのだろう？」という問いが生じた後，

　　「今当てられたら困る人はいますか？」

と発問します。もし多くの子が手を挙げたならば，手立てが必要です。

　例えば，グー，チョキ，パーで子どもたちに意思表示をさせます。正解の自信がある子にはグーを挙げさせます。少し自信がある子はチョキ。まったく自信がない子にはパーを挙げさせます。このとき，グーを挙げた子に理由をこっそりとききます。その子が正解していたら，全員に向けてヒントを言わせます。例えば「AにくらべてBの方が光が……？」「Aの枝よりもBの枝の方が……？」というような感じです。ヒントを出させながら，ペアで確認したり再現させたりします。全員の知恵を出し，学級内で少しずつ考えを広めていくイメージです。

　授業の最後には，共有化が図れたかどうかを確かめなければなりません。書く，話すなどの表現を，一人ひとりにさせることが望ましいです。

〈参考文献〉

宗實直樹（2021）『社会科の「つまずき」指導術』明治図書

第5章

「深い学び」を生み出す
新発問パターン
終末編

～を見ていくと何がわかるか

▶全体像を捉えさせる発問

💬 発問のポイント

❶歴史を通史的に捉える

　小学校社会科における歴史学習はあくまでも人物中心の歴史学習であり，通史学習ではありません。しかし，通史的に捉えることで，歴史的な認識を深めることができます。また，既習事項の確認にもつながり，時間の流れを大きな流れとして捉えることで，時間認識を養うことができます。

❷ある視点から歴史を捉え直す

　例えば，時代ごとの「身長」を扱います。その時代の平均身長やその推移を見た後に「身長を見ていくと何がわかりましたか」と発問します。身長の推移から時代を比較して見ることで，それぞれの時代の特徴や差異がよりよく見えるようになります。また，身長と様々な要因の因果関係を考えることで時代を関連づけて大きな視点で見ることができるようになります。

　ある視点から歴史の因果関係やおおまかな流れを捉え直すことができます。

〈参考文献〉

宗實直樹（2021）『社会科の「つまずき」指導術』明治図書

	縄文時代		弥生時代			江戸時代	明治時代

163
159
155
153

| 159 cm | 163 cm | 153 cm | 155 cm |

【学習活動】

1．時代別身長クイズに答え、考えた理由を話し合う。
　・縄文159cm、弥生163cm、江戸153cm、明治155ｃm
　「時代が新しくなるたびに身長は伸びると思う」
　「縄文時代より弥生時代の方が高いんだ」
　「狩猟だけでなく、米づくりが始まったから弥生時代は縄文より高いと思う」
　「文明開化で肉を食べるようになったんだ」
　「それまでは仏教の力が強くてあまり肉を食べる文化がなかったんだね」

2．江戸時代の平均身長が低くなった理由を考え発表する。
　「並べてみると江戸時代の身長が最も低いことがわかる」
　「江戸は戦いのない平和なイメージがあるのにどうして一番低いのだろう」
　「身分制度が厳しく、庶民の食事が質素だったからかな」
　「災害とかが多く起きたのかな」
　「飢饉が何度も起こって食べ物がなくなったんだ」

3．明治以降の平均身長の変化の中で、身長が落ち込んでいる理由を考え発表する。
　「明治以降はどんどん身長が伸びているんだ」
　「え、1948年の平均身長がめっちゃ低い」
　「戦争があったからだ」
　「戦争で食べ物がなくなったんだね」

4．身長から時代背景を読み取ったことをまとめ、身長の他にもないかを考えノートに書く。
　「平均身長を調べることで、～がわかる」
　・時代背景・その時代の生活・起こった出来事
　「身長の他にも歴史がみえるものがあると思う」
　・トイレ・家・宗教・乗り物・遊び

発問を生かした授業例
6年生　単元名「特別教室から見る歴史」

日本の学校制度のはじまりや，明治初期の学校には特別教室がなかったことを説明します。

教師　1875年頃〜1950年頃にはすべての特別教室がそろってきます。「図書室」「理科室」
　　　「家庭科室」「音楽室」，どの順番でできたと思いますか？

児童　学力を上げるために最初にできたのはきっと図書室だ。

など，各個人で予想させ，交流させます。

　　答えは家庭科室→音楽室→理科室→図書室の順序です。

　　それぞれ，資料等を提示しながら考えさせます（展開例等詳しくは，拙著『社会科の「つま
ずき」指導術』をご覧ください）。

　　それぞれの特別教室ができた理由と順序を確認したあと，

「特別教室ができた順序を見ていくと，何がわかりましたか？」

と発問します。

　　児童　時代背景。

　　児童　そのときの様子。

　　児童　時代の移り変わり。

　　児童　戦争との関係。

　　特別教室が設置された順序を
みていくことで，「歴史の見方」
を深めることができます。

〈参考文献〉

千葉保（2011）『はじまりをたどる「歴
史」の授業』太郎次郎社エディタス

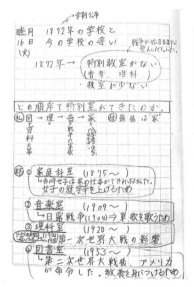 

○○さんと○○さんはどんな会話をするか

▶それぞれの認識を深めさせる発問

💬 発問のポイント

❶それぞれの主張や特徴を捉える

　同じような立場の人同士を会話させることで，お互いの行為の特徴や願い等を出すことができます。会話内容を考えさせる活動を通して，お互いの認識を深めることができます。

　登場させる人物の会話をはじめる前に，まずはそれぞれの主張や考え，状況等を確認することが重要です。机上の空論にさせないためです。

　例えば，

　「スーパーマーケットで働くAさんとかまぼこ工場で働くBさん」であれば，スーパーマーケット内での販売の工夫や，かまぼこ工場でおいしい製品をつくる秘訣などを捉えておくことが重要です。

　その他，

　・魚を輸送するドライバーと工業製品を輸送するドライバー

　・警察署の○○さんと消防署の○○さん

　・雪舟と歌川広重

　・藤原道長と足利義満

などが考えられます。

　「同じような思いをもっている人」「同じような環境にいる人」「全く違う価値観をもった人」「違う時代に生きた人」などが会話をするとより学習内容も深まるでしょう。

❷観点を設ける

　ただ会話するだけでは，深まりもありません。

　「環境を守り続けてきた○○さんと○○さんは……」

　「様々な政策を続けてきた○○さんと○○さんは……」

　「手仕事の伝統を守り続けてきた○○さんと○○さんは……」

というように，「〜してきた」という部分が話をする観点となり，絞られた内容になります。

発問を生かした授業例
5年生　単元名「環境とわたしたちのくらし」

　5年生「環境とわたしたちのくらし」の学習で，「琵琶湖」の事例を紹介します。琵琶湖では，工場排水や生活排水が原因で1977年に大規模な赤潮が発生します。琵琶湖を守るために主婦層を中心に活動が拡がりました。琵琶湖を汚す合成洗剤を使わないように呼びかける活動「石けん運動」です。熱心な活動の結果，琵琶湖の水質は改善され，様々な環境保護活動が広がりました。

　琵琶湖の環境が改善され，環境保護活動が様々な形で展開されていることを学習するときに「これって琵琶湖だけが特別なのですよね？」と発問し，ゆさぶります。「いや，そんなことない。他にもきっとあります」と子どもたちは気づきます。そして，教科書に掲載されている京都の鴨川の事例を見ていきます。

　「昔きれいだった川が汚れる→どうにかしなければいけないと人々が立ち上がる→改善される→環境を守り続ける活動を続ける」と，琵琶湖の事例と活動の流れは同じことを捉えます。

　そこで，

　「琵琶湖の環境を守るために活躍した藤井さんと，鴨川の環境を守るために活躍した杉江さんが会話をするとどのような会話になると思いますか？」

と発問します。

　同じ想いをもった二人を比較させ，二人の対話を考えさせることで，環境に対して取り組む人々の思いや願いを深めることができます。

　「場所は違うけれど，人々の様々な努力によって環境が改善され守られているんだ。琵琶湖や鴨川の他にも同じような事例があるのかな？」と追究したり，「様々な人ががんばっているんだ。じゃあ私もできることからがんばろう」と意欲をもたせたり，子どもの追究意欲や行動意欲を高めることができます。

〈参考文献〉

宗實直樹（2021）『宗實直樹の社会科授業デザイン』東洋館出版社

自分には何ができるのか

▶選択・判断を促す発問

 発問のポイント

❶「思考力，判断力」の意味を捉える

　社会科における判断力は，「社会への関わり方を選択・判断する力」のことです。

　『小学校学習指導要領（平成29年告示）解説社会編』22ページには，以下のように明記されています。

> 　小学校社会科における「思考力，判断力」は，社会的事象の特色や相互の関連，意味を多角的に考える力，社会に見られる課題を把握して，その解決に向けて，学習したことを基に，社会への関わり方を選択・判断する力である。

❷選択・判断するべき場面を把握する

　『小学校学習指導要領（平成29年告示）解説社会編』の中に，「選択・判断」するべき場面は明記されています。

　右の表に整理しました。

　どこで選択・判断させるべきか捉えておく必要があります。5，6年生に比べて，3，4年生に選択・判断する場面が多いのは，地域社会における身近な社会的事象なので，社会への関わり方も考えやすいからです。

選択・判断するべき場面

学年	単元	選択・判断する内容
3	地域の安全を守る	地域や自分自身の安全を守るために自分達にできることなどを考えたり選択・判断したり
4	人々の健康や生活環境を支える事業	ゴミの減量や水を汚さない工夫など、自分たちにできることを考えたり選択・判断したり
4	自然災害から人々を守る活動	地域で起こり得る災害を想定し、日頃から必要な備えをするなど、自分にできることなどを考えたり選択・判断したり
4	県内の伝統文化、先人の働き	地域の伝統や文化の保存や継承に関わって、自分達にできることなどを考えたり選択・判断したり
5	我が国の国土の自然環境と国民生活との関連	国土の環境保全について、自分たちにできることなどを考えたり選択・判断したり
6	グローバル化する世界と日本の役割	世界の人々とともに生きていくために大切なことや、今後、我が国が国際社会において果たすべき役割などを多角的に考えたり選択・判断したり

発問を生かした授業例
4年生　単元名「ごみのしょりと活用」

　単元前半は，ごみの処理の仕方について学習します。「ごみを処理する事業は，生活環境の維持と向上のため，衛生的な処理や資源の有効利用ができるよう進められている」という知識を獲得します。

　単元後半では，社会への関わり方について学習します。ここでは，ごみの減量やリサイクルなど，自分たちにできることを考える活動がよく行われます。しかし，形式的に他人ごとのように考える場合も少なくありません。自分ごととして捉え，切実感をもたせる必要があります。そこで，子どもたちにとって身近な問題であり，現実的な社会問題である食品ロス問題を取り上げます。

　まずは，食品メーカーや店など，食品ロスが発生する場所を提示し，食品ロスが発生する理由について把握します。

　児童　食品メーカーでは不良品があったりつくりすぎたりして捨てられることがあるんだね。

　児童　店では賞味期限が切れて捨てられることが多いんだね。

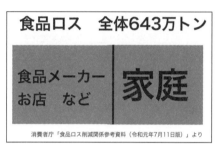

図1

　次に，食品ロスを減らす取り組みを考えさせたり紹介したりすることで，社会的に取り組む必要性があることを感じさせます。

　児童　賞味期限の表記方法を工夫しているんだ。

　児童　売れる分だけつくるようにしているんだね。

　児童　食品ロスはもったいないだけでなく，資源や環境にも大きな影響を与える問題なんだ。

　児童　多くの費用がかかって，経済的にも負担が大きくなるんだね。

　最後に，家庭での食品ロスの多さを示す資料（図1）を提示し，驚きを引き出すことで，自分たちの生活に意識を向けさせます。そこで，

> 「あなたは食品ロスを減らすために何ができますか？」

と発問します。

　食品ロスが与える影響を把握した上での判断なので，子どもたちの切実感を伴った行動につながることが期待されます。

〈参考文献〉

宗實直樹（2021）『宗實直樹の社会科授業デザイン』東洋館出版社

今日のキーワードは何か

▶学習をまとめさせる発問

 ## 発問のポイント

❶まとめ方をスモールステップ化する

　終末場面において，「まとめ方がわからない」「どのようにまとめを書けばいいのかがわからない」という子どもたちの困難さが見られることがあります。「今日の学習をまとめましょう」と言われても，何をどのようにまとめたらいいのかわからない子どももいるでしょう。

　いきなりまとめさせるのではなく，まとめの書き方をスモールステップ化することが考えられます。

　まとめ方のスモールステップ化には，

　(1)視写する　(2)空欄を埋める　(3)続きを書く　(4)重要語句を入れて書く　(5)フリーで書く
などがあります。

❷発達段階に合わせて目標を達成させる

　まとめ方をスモールステップ化することで，すべての子どもが目標に達成しやすくなります。
　4年生「安全をまもるくらし」を具体例に挙げて説明します。

---

(1)「人々の安全を守るために様々なものの工夫がされている。例えば…」を写しなさい。

(2)「人々の（　　）を守るために様々なものの工夫がされている。例えば…」の空欄を埋めなさい。

(3)「人々の安全を守るために～」の続きを書きなさい。

(4)「安全」「工夫」と言う言葉を使ってまとめなさい。

(5)今日の学習をまとめなさい。

　子どもの実態や授業の内容に応じて臨機応変にすることが重要です。しかし，まとめることに困難さを感じている子どもたちにとっては，丁寧にスモールステップを踏み，それに応じた発問を投げかけることが安心感につながります。

発問を生かした授業例
5年生　単元名「これからの食料生産」

　左頁の(4)のパターンです。子どもたちに「キーワード」を答えさせる発問をすると効果的です。

　教師　フードマイレージとは，産地から食卓までの「距離」×「重さ」＝二酸化炭素の量です。

　あるお弁当を提示します。

　教師　この弁当は，フードマイレージがとても少ないです。なぜだと思いますか？

　児童　近くでとれた食材でつくった弁当だからかな

　教師　そうですね。最近，このように地元でとれた野菜などの食材が人気です。なぜだと思いますか？

　児童　安心できる。

　児童　おいしい。

　教師　なぜ安心でおいしいのですか？

　児童　近所の人がつくっているから安心できる。

　児童　とれたてでおいしい。

　児童　遠くへ出さないから安い。

　児童　フードマイレージもかからないよ。

　教師　こうやって地元でとれたものを地元で消費することを地産地消といいます。

　地産地消の動画を提示します。最後のまとめやふり返りをする前に次のような発問をします。

> 「今日のキーワードは何が適していると思いますか？」

と発問します。

　児童　「安心」「安全」かな～。

　児童　「地産地消」もいいね。

　教師　では，それらのキーワードを使ってふり返りを書きましょう。

　キーワードが答えられるということは，本時のポイントが押さえられているということです。キーワードだけでまとめやふり返りを書くことが難しそうであれば，「どんな工夫がされていましたか？」「何が大切なことでしたか？」等，板書を指さしながら問うていくことも考えられます。

〈参考文献〉

村田辰明編著（2021）『テキストブック 授業のユニバーサルデザイン 社会』日本授業 UD 学会

～は何か

▶本質を捉える発問

発問のポイント

❶科学的な問いを捉える

森分孝治（1984）は，社会的事象について科学が回答を求める問いは，四つあると言います。

---

(1)なぜ

(2)どうなるか

(3)何

(4)いかに

です。それぞれ，右図のような働きがあります。今回は，(3)の「何」の事例について紹介します。

❷「what」の違いを理解する

同じ「what」でも違います。例えば，次のように問われると，

・「これは何か？」→「それは土偶です」

・「沖縄で多く栽培されているものは何か？」
　→「サトウキビです」

・「兵庫県の県花は何か？」→「ノジギクです」
　で完結してしまいます。

ここでいう「what（何）」は，「そもそも何なのか？」というそのものの本質を問う発問になります。

①なぜ ②どうなるか	原因や理由、結果や影響を解明するもの
③何	事象の本質を捉えるもの
④いかに	事象の構造や過程を捉えるもの

『現代社会科授業理論』森分孝治(1984)明治図書 を参考に筆者作成

● 「何」 説明　分類による説明
　　　　　　　　　既知の概念によって分類

「広島市は何であるか
　（どのような都市であるか）」

「イギリスは何であるか
　（どのような国であったか）」

「江戸時代は何であったか
　（どのような時代であったか）」

そのものの本質を問う

『現代社会科授業理論』森分孝治(1984)明治図書 を参考に筆者作成

発問を生かした授業例
6年生　単元名「江戸の社会と文化・学問」

例えば，歴史の江戸時代の学習の最後に，

> 「結局，江戸時代とは何だったのでしょう？」

と発問します。

　児童　長期政権だったよね。

　児童　徳川家だけで265年も続いてすごい。

　児童　支配の仕組みが優れていたよね。

　児童　大名配置を工夫していたよね。

　児童　参勤交代で幕府の財政を安定させていたよ。

　児童　交通も整理され，街道沿いに多くの店や宿も生まれたよね。

　児童　厳しい税制があったけど，自治的に村を運営する農民が多くなったよね。

　児童　鎖国を行って，貿易の利益や外交関係を独占したよね。

など，子どもたちは今まで学習したことをふり返ります。「何だったのか」と一言で答えようと思えば，多くの具体を総合して答えることになります。

　　例えば

　　・武力面

　　・政治面

　　・財政面

　　・外交面

など，より具体的に多面的に捉えて，その上で抽象化させて答える必要があります。

　「江戸時代を漢字一字で表すとどうか？」

　「江戸時代を四字熟語にすると何がふさわしいか？」

などの抽象度の高い問い方も考えられます。自分が決めた理由を考えるときに，以上のような視点から多面的に考えることが期待できます。

　「～は何か」と本質的な発問をすることで，子どもたちは学習したことをさかのぼって総合的に捉えるようになります。

　また，単元の冒頭に「～は何か？」と発問して，それを説明できるようにするために具体的事実を調べていくという展開も考えられます。

〈参考文献〉

森分孝治（1984）『現代社会科授業理論』明治図書

○○と○○を比べて「違い」と「同じ」は何か

▶比較して異同を見つけさせる発問

💬 発問のポイント

❶ 「違い」を捉える

　比較してわかりやすいのは「違い」の方です。「違い」が見えれば，それぞれの事象の特徴がより明確に見えるようになります。

❷ 「同じ」を捉える

　「同じ」である共通点は「違い」に比べると見えにくいです。しかし，この共通点を見いだすことが重要です。導き出した共通点は，汎用性の高い知識となり得るからです。

　例えば，単元の最後に比較したものは，次のようなノートになります。

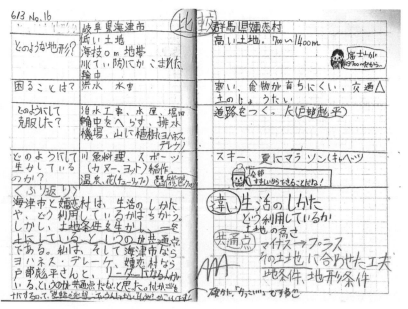

　「生活の仕方や利用の仕方は違うが，土地条件を生かしてマイナスをプラスにしているという点は同じだ」という共通点を導き出しています。

発問を生かした授業例
5年生　単元名「高い土地のくらし」「低い土地のくらし」

　単元「高い土地と低い土地」で，高い土地の事例と低い土地の事例を学習した後に比較を促す発問をします。

　　「高い土地と低い土地を比べて『違い』は何ですか？」

　　児童　土地の高さが違う。
　　児童　つくられている作物が違う。
　　児童　家のつくりが違う。
　　児童　気候が違う。
　　児童　困っていたことが違う。
　　児童　克服の仕方が違う。
　子どもたちは次々に答えます。
　その後，

　　「高い土地と低い土地の『共通点』は何ですか？」

と発問します。
　　児童　どちらも工夫して作物を生産している。
　　児童　どちらも家の建て方を工夫していた。
　　児童　どちらもリーダーの指導のもと，困難を克服していた。
　　児童　どちらもその土地や気候の条件を生かして生活していた。
　　児童　どちらも魅力的な場所になっています。
などと答えます。
　共通点は，「目には見えにくいもの」が多いので，子どもたちは答えにくいかもしれません。「どちらも」という言葉をキーワードにすると，子どもたちは考えやすくなります。
　共通点を探すことによって得た知識は，他の学習にも適用できる汎用性の高い知識となります。そのことを子どもたちに明示的に示し，価値付けたいものです。

これは〜だけに言えることか

▶一般化を促す発問

💬 発問のポイント

❶個別の事例を扱う

　一般の事例を扱うよりも個別の事例を扱う方が，社会的事象をより身近に感じられる子ども が多いと考えられます。

　例えば，農業や水産業の事例として，一般的な典型事例として庄内平野や焼津港を扱うので はなく，より個別的な地域の事例を扱うことなどが考えられます。

❷一般化を図る

　例えば，5年生の水産業単元で，地域に特化した事例である坊勢島（兵庫県姫路市）を扱い ます。しかし，この単元はけっして坊勢島や坊勢島の漁業のみを扱う地域学習ではなく，あく までも産業学習です。「日本における」水産業のもつ一般的な傾向や特色を理解させることが 重要です。

　そこで，一般化を促す発問が考えられます。「〜だけが特別なのか？」「〜だけに言えること なのか？」などです。子 どもたちは「他も同じよ うな場所はあると思う」 と，視野を広げてみよう とします。

　そこで，教科書に掲載 されている一般の事例と 比較させます。右図のよ うに観点ごとに比較させ るとその共通点を見いだ しやすくなります。

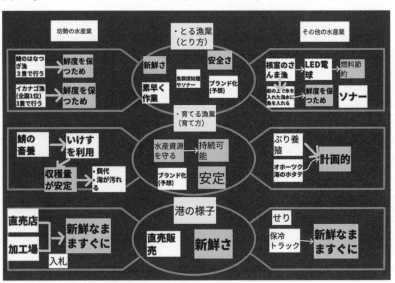

発問を生かした授業例
５年生　単元名「水産業のさかんな地域」

一般化を試みる，単元の終末場面です。

教師　今まで坊勢の水産業について学習してきました。どのような学習をしてきましたか？

児童　とる漁業や育てる漁業を行っていました。

児童　とり方の工夫や新鮮さを保つための工夫を行っていました。

児童　港には色んな設備がありました。

学習してきたことをふり返らせた後，

> これは，坊勢だけに言えることなのでしょうか？

と発問します。

児童　きっと全国にも同じようなところはあると思います。

教師　教科書には別の地域が掲載されています。教科書を開いて違う所と同じ所を見つけて
　　　いきましょう。

教師　どのような観点で調べたらいいと思いますか？

　子どもたちと相談しながら主に坊勢の事例で学習してきた以下のような観点で調べさせます。

〈観点〉

　・とる漁業の様子や工夫

　・育てる漁業の様子や工夫

　・港の様子や工夫

などが考えられます。

　左頁のように端末を活用して比較する方法もあります。下図のように，「違うところ」と
「同じところ」にわけ，子どもたちに調べたことを板書させる方法もあります。

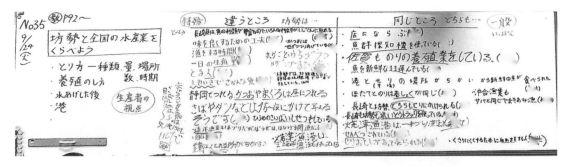

○○ではどうだろうか

▶他に考えを広げさせる発問

💬 発問のポイント

❶他の市にも目を向けさせる

　3年生では，自分たちの市について学習します。3年生の子どもたちにとって，土地の様子の捉えは漠然としています。他の地域も自分たちの土地と同じだという子もいるでしょう。土地概念は十分に形成されていません。

　そこで，自分たちの住んでいる市だけではなく，他の市の様子にも目を向けさせます。

❷目を向けさせるポイントを押さえる

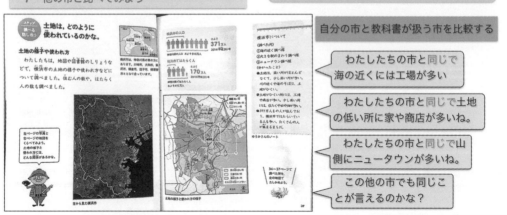

出典：光村図書『社会3・4上』（平成27年度版）

発問を生かした授業例
3年生　単元名「わたしたちの市のようす」

　子どもたちは自分たちの住んでいる市について学習してきました。

　市の土地の高さや広がり，市の土地の使われ方，市の交通の様子や市の公共施設などについて調べ，自分たちの市の特徴やよさを把握しています。

　その後，

> 「教科書の○○市ではどうなのでしょう？」

と発問します。

　教科書の事例と比較させます。

　子どもたちは，市が違うのだから，様子もまったく違うのだろうと予想しています。

　しかし，意外と共通点が見つかります。

　児童　わたしたちの市と同じで海側には工場が多いね。

　児童　わたしたちの市と同じで公共施設がたくさんあるよ。

　児童　つくられているものは違うけど，田畑の多いところで多くの野菜がつくられています。

　児童　駅の近くに古くから残る建物が多くあるのは同じだね。

　児童　やっぱり駅の周りは多くの店が集まっているよ。

などです。

　「わたしたちの市と同じで…」という言葉がキーワードになります。

> 「他の市ではどうなのでしょう？」

と発問し，さらに広げてみるのもいいでしょう。

　自分の市と他の市（教科書の事例）を比較することで自分たちの市への関心を高めることができます。自分の市の特色を見つけ，土地利用の概念をさらに深めることができます。また，得た概念をさらに他の事例にも適用させようとします。適用させることでさらに概念を深め，広げることができます。

　この方法は，学年が上がっても使えることなので，この3学年の初めの段階で捉えさせることには大きな意味があります。

〈参考文献〉

宗實直樹（2021）『宗實直樹の社会科授業デザイン』東洋館出版社

═══════ ≫≫≫≫≫≫≫ ✕ ≪≪≪≪≪≪≪≪ ═══════ 〉

〜と同じように言えることはあるか

▶適用させる発問

 ## 発問のポイント

❶先を見通せるようにする

一度学習して獲得した知識を適用させて考えることで，子どもたちは先を見通しながら学習を進めることができます。

例えばスマート化は，高齢化問題への対処方法として様々な産業にも取り入れられています。農業におけるスマート化を学習した後，「きっと他の産業でも…」と予想しながら学習を進めることができます。それが子どもたちの安心感にもつながります。

そして「やっぱり農業のスマート化と同

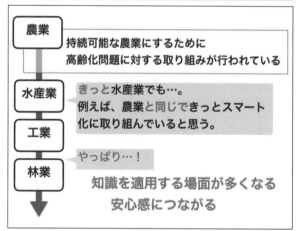

じだ！」と感じたとき，子どもたちは学びのつながりと確かな手応えを得ることができます。

❷獲得した概念的知識を使えるようにする

学習を通じて獲得した概念的知識を使って社会を見つめ直すことで，よりその特色や意味などが見えてきます。「見えないもの」を使ってさらに「見えるもの」を見る感じです。

例えば，農業におけるスマート化について学習した後，水産業や林業だけでなく，コンビニや駅におけるスマート化も見えるようになるということです。

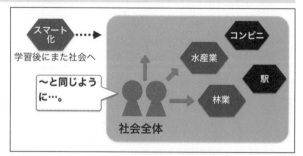

『小学校 新学習指導要領 ポイント総整理 社会』p132（中田正弘）を参考に作成

発問を生かした授業例
5年生　単元名「これからの食料生産」

　ロボットAIやIoTを導入したスマート農業について調べることを通して，持続可能を目指す新しい農法のよさについて理解できるようにします。

　無人トラクターの画像を提示します。

児童　え，人が乗っていないよ。

児童　もしかして自動で動いている？

教師　GPSをうまく利用して動いているのです。AIロボットの自動運転ですね。

児童　田おこし，田植え，稲刈り，すべてロボットが行っているんだ。

教師　ものとインターネットをつなぐものをIoTと言います。

教師　AIロボットやIoTを導入することで「増やせること」と「減らせること」は何がありますか？

「スマート農業で増やせること 減らせることは何ですか？」
〈増やせること〉 従業員、作業効率、利益、技術、後継者、収穫量、安心、若い人、情報 休息時間 〈減らせること〉 人件費、農薬、高齢化問題、労力、手間暇、環境への負荷、害虫

児童　人件費を減らして収入が増えそう。

児童　この農法なら若い人も興味をもって増やせそう。

児童　人手不足の問題が減りそう。

児童　生産額は増えそう。

児童　スマート農業に取り組むことで生産性も上がり，様々な人が農業に興味をもちそう。

児童　スマート農業に取り組むことで，持続可能な農業にすることができると思う。

　スマート農業に取り組むことのよさについて確認できました。

　その後，

「農業のスマート化と同じように言えそうなものはありますか？」

と発問します。

児童　きっと水産業でも農業と同じようにスマート化されていると思う。

児童　コンビニやスーパーなどでは無人レジがあるからスマート化されているよ。

児童　林業ではドローンを使って山の調査をしているとTVで観たことがあります。

など，得た知識を適用させようとしたり，既知の情報とつなげて考えたりしようとする子どもがでてきます。

〈参考文献〉

宗實直樹（2021）『宗實直樹の社会科授業デザイン』東洋館出版社

村田辰明編著（2021）『テキストブック 授業のユニバーサルデザイン 社会』日本授業UD学会

おわりに

　社会科の「発問」をどう捉えて構成していくのか，大いに悩みました。発問について言及することは，発問のみを考えればいいというわけではないからです。発問について考えるということは，授業を成立させる条件や授業で何をねらいとしているのかを捉えるということです。つまり，発問は授業をデザインする上で中核となる存在だと考えられます。

　また，発問を機能させ，豊かにするのは「教材」です。豊かな教材があるからこそ，その発問が色とりどりに生きてきます。そして，発問と学習者である「子ども」との関係が重要です。青木幹勇は，『よい発問わるい発問』（1966）の中で，「発問自体を研究するとともに，その発問をうけとる子どものよき学習態勢を整えることにもおおいに努力しなければならない」「平生のよい発問によっても，よい学習者を育て，よい学習者が，教師のよい発問をさそい出すというような円環を求めたい」と述べています。

　あらゆる角度から「発問」を考えなければいけません。ですから，本書では発問について記してきましたが，授業展開論や教材論，子ども論の色も色濃く出ています。そのあたりも感じながら読んでいただけたのであれば幸いです。

　本書の内容構成をふり返ってみます。

　第1章は，そもそも発問とは何なのか，発問研究がどのような歴史をたどってきたのかを論じました。発問の全体像をある程度概観できるようにしました。発問のことについて歴史を遡っていこうと考えました。昭和，大正，明治と，歴史を遡って見ていくことで気づくことが多くあります。

　第2章では，発問の機能化と発問パターンについて論じました。発問の機能は，そのときの時代背景や教材，子どもの意識や認知度等によって大きく左右されます。できるだけ幅広く客観的に捉えられるように，過去の多くの文献の中から見いだされる共通点等を元に述べていきました。とはいえ，様々な角度から研究されてきた発問について，「これだ！」というものはなかなか見いだすことができません。本書では，「論理的な組織化」「科学的な組織化」「心理的な組織化」の3つをもとに整理を試みました。

　第3章は，1章，2章を踏まえて，「導入―展開―終末」という学習場面ごとに考えられる発問例を記しました。左ページに発問のポイントを，右ページに発問を生かした授業例を紹介しています。いずれかの事例を記していますが，発問はどれも汎用性の高い発問を意識しました。目の前の子どもに合わせてご自身でアレンジされることを期待しています。

　及川平治は，『分団式動的教育法』（1912）の中で，次のように述べています。

「教師が教えたから児童の知能が発展するのではなくて，児童が学んだから知能が進歩するのである。ゆえに真に教えるとは真に学ばせる事である」

　この授業観をもつことが，発問を発問たらしめる重要な指摘だと考えます。第1章でも強調しましたが，教師は子どもに問い方を教えていくために発問するのです。子どもは，自らの問いをもってはじめて探究を進めていきます。自ら問い続ける力をつけることは，明確な答えのない世の中を生きる子どもたちにとって今後一層重要となってくるでしょう。そのためにもまずは教師がどのような発問があり，どのようなねらいがあるのかを知るべきです。そして意識的に授業で使えるようにするべきです。それが子どもたちを能動的な学習者にするための第一歩と考えます。逆説的になりますが，教師の発問が不要になることを目指して教師は発問していきます。子どもが自ら問い，「見えないもの」を見いだせるように問い続けてほしいと願っています。今回提案させていただいた本書がその一助となれば，それ以上の幸せはありません。

　青木幹勇は，先に述べた書の中で，「発問を教師だけのものにしない」と題して，「子どもも発問者にする。教師も応答者の側に回る」と述べています。

　教師の発問で動く受け身の学習ではなく，子どもたち自身の自発的な学習。子どもたち自身が問題をもち，子どもたち自身の力でそれを解決しようとする学習。子どもが発問し合う授業。素敵です。個別学習の際は自分自身に自問（発問）し，学び合う場面では，発問し合いながら学習を調整していくような授業です。そのような発想は50年以上前からされていました。その発想を生かした授業づくりを再度考えていかなければいけないと感じています。

　最後になりましたが，感謝の言葉を記します。

　序文を佐藤正寿先生に書いていただきました。私が社会科にのめりこむきっかけをくださった方であり，発問のみならず，社会科について多くのご示唆をいただいた方です。それは今も変わりません。これからも多くのことを学ばせていただき，ごいっしょさせていただきたい方です。「恩人」と言える佐藤先生に，今回このような形でお言葉をいただけたこと，幸せです。

　発問についてまとめることをおすすめくださった明治図書出版の茅野現さんには大変お世話になりました。いつもあたたかいお言葉をいただき，最後まで丁寧に編集，校正をしてくださいました。ありがとうございました。

　そして，本書を最後までお読みいただいた読者の皆様，心より感謝いたします。おそらく学校教育において発問に対する関心はなくなりません。これから様々な研究，実践が展開されるでしょう。たかが「発問」。されど「発問」。「発問」一つについて考えることが，子どもの喜びや幸せにつながることを願って止みません。

　「自ら真摯に問い続ける者のみが，真によく問い続ける人間を育てられる」

　共に歩み，問い続けていきましょう。

2021年9月　宗實直樹

【著者紹介】

宗實　直樹（むねざね　なおき）

関西学院初等部教諭。社会科授業 UD 研究会所属。授業研究会「山の麓の会」代表。

1977年兵庫県姫路市夢前町に生まれる。「宗實」姓の全国順位は37462位，およそ70名存在。

大学では芸術系美術分野を専攻し，美学と絵画（油彩）を中心に学ぶ。卒業論文は「ファッションの人間学」。大学卒業後，兵庫県姫路市の公立小学校，瀬戸内海に浮かぶ島の小学校を経て，2015年より現任校へ。

主著に『宗實直樹の社会科授業デザイン』（東洋館出版社）『社会科の「つまずき」指導術』（明治図書），共著に『実践！ 社会科授業のユニバーサルデザイン 展開と技法』（東洋館出版社）『歴史人物エピソードからつくる社会科授業42＋α』（明治図書）『GIGA スクール構想で変える！ 1人1台端末時代の授業づくり2』（明治図書）『社会科授業がもっと楽しくなる仕掛け術』（明治図書）『小中社会科の授業づくり—社会科教師はどう学ぶか』（東洋館出版社）など。『社会科教育』（明治図書）を中心に論文多数。

様々な場所でフィールドワークを重ね，人との出会いを通じて独自の教材開発を進めている。社会科教育，美術科教育，特別活動を軸に，「豊かさ」のある授業づくり，たくましくしなやかな子どもの育成を目指して，反省的実践を繰り返す。

ブログ「社会のタネ」（https://yohhoi.hatenablog.com/）において，社会科理論や実践を中心に日々発信中。

E-mail　yamanofumoto2012@gmail.coim

深い学びに導く社会科新発問パターン集

2021年12月初版第1刷刊　©著　者　宗　實　直　樹
2022年3月初版第3刷刊　　発行者　藤　原　光　政
　　　　　　　　　　　発行所　明治図書出版株式会社
　　　　　　　　　　　http://www.meijitosho.co.jp
　　　　　　（企画）茅野　現（校正）森島暢哉
　　　　　　〒114-0023　東京都北区滝野川7-46-1
　　　　　　振替00160-5-151318　電話03(5907)6702
　　　　　　　　　　　ご注文窓口　電話03(5907)6668

＊検印省略　　　　　組版所　株　式　会　社　カ　シ　ヨ

Printed in Japan　　　　　ISBN978-4-18-380014-5
もれなくクーポンがもらえる！読者アンケートはこちらから→